Die Gnade des christlichen Sterbens

Die Heilige Ölung als letzte Vollendung der Taufherrlichkeit

Eugen Walter

Sarto Verlag

Das Original erschien 1937 im Herderverlag unter dem Titel „Die Herrlichkeit des christlichen Sterbens". Der Text wurde für diese Ausgabe sprachlich leicht überarbeitet.

1. Auflage

Sarto Verlagsbuchhandlung GmbH Stuttgart
Dr.-Jaufmann-Str. 3
D-86399 Bobingen

ISBN 978-3-932691-87-4

Inhalt

Einleitung

Was der Christ ist, kann nur durch die Tatsache der Taufe erkannt werden.

Wenn aber der Getaufte mit Christus bereits gestorben und auferstanden ist, dann ist von vornherein sein Sterben schon aus dieser Welt hinausgerückt, es kann nicht mehr dasselbe sein, was es in der Welt ist.

Mag sein, dass es äußerlich genauso zugeht wie das Sterben in der Welt, wie ja der Christ überhaupt genauso aussieht wie die, die in der Welt sind: „Die Welt kennt uns nicht." (1 Joh 3,1)

Darum kennt sie auch unser Sterben nicht. Uns aber tut es Not, dass wir die Herrlichkeit des Christseins bis in die äußerste Wirklichkeit erkennen: Wie sollten wir sonst Gott die Ehre geben, die ihm gebührt, die als Preis, Dank und Anbetung aus den Herzen derer strömen muss, an denen er den überschwänglichen Reichtum seiner Gnade in Christus erwiesen hat, auf dass wir so „gereichen zum Lobe seiner Herrlichkeit" (Eph 1,12)!

1. Todeserfahrung als Tatsache, Möglichkeit und Wert

Sterben ist die aufschlussreichste Erfahrung des Menschen. Aber ist es vielleicht diejenige Erfahrung, die er – was man doch von einer Erfahrung verlangt – am wenigsten verwerten kann? Steht sie nicht so am Rande seiner Existenz – als dauernde Bedrohung, gewiss, aber so unfassbar – dass man über einige allgemeine Erwägungen nicht hinauskommt?

Sterben ist die aufschlussreichste Erfahrung des Menschen! Auch wo nicht darüber gesprochen wird und wo man sich kaum bewusst ist, darüber nachgedacht zu haben, richtet man sein Leben nach dieser Erfahrung ein. Möglicherweise wird das Sterben als unabwendbares Schicksal betrachtet, dem man nur insofern entrinnen kann, als man versucht, es so weit wie möglich hinauszuschieben und vor allem aus dem Bewusstsein zu verbannen, um im Genuss des Lebens nicht behindert zu sein. Auch das ist noch eine Art von Lebensgestaltung, die von der Todeserfahrung her beeinflusst ist. Es gehört freilich ein großes Maß von Ungeistigkeit dazu, um darin eine menschenwürdige und befriedigende Bewältigung dieser Aufgabe zu sehen. Es kann auch sein, dass die Todesgewissheit den Menschen dazu antreibt, sein Geschlecht und Erbe weiterzugeben, um so wenigstens im Bewusstsein über das dunkle Schicksal zu triumphieren, sein Leben doch über den Tod hinaus fortgesetzt zu haben. Was dem einen leibliche Nachkommen, sind für einen anderen seine Gedanken, seine Werke, sein Ruhm – kurz: irgendetwas, durch das ein Mensch weiterzuleben hoffen kann – und wenn es auch nur durch die Atome wäre, die nach seinem Zerfall eines Tages wieder anderen Lebewesen zum Aufbau dienen werden!

In allen diesen Lebensauffassungen und Versuchen der Todesüberwindung zeigt sich die Tatsache des Todes bereits als scheidendes, richtendes und wertendes Element. Nicht erst im Tode, sondern schon auf der Höhe des Lebens, mitten im Zentrum der

Daseinsbejahung, wird etwas von der Todeserfahrung wirksam. Es scheidet und ordnet die Werte und lässt das Leben etwas hoffen außerhalb seiner, das noch hinausreicht über die Macht des Todes.

Von da ist es aber nur noch ein Schritt zu der Annahme oder Frage, ob nicht der Tod etwas sein könnte, das dem Leben dient; ob nicht seine abschreckende Schale durchdrungen werden könnte und sein Kern gut und süß wäre; ob der Gedanke an ihn, statt zu verdüstern, nicht vielmehr umso helleres Licht in viele Fragen bringen könnte.

Haben wir nicht Menschen kennen gelernt, die dem Tod ins Auge geschaut und von dort eine sichere und klare Haltung für das Leben mitgenommen haben? Haben wir nicht andere, die bereits am Rande der Ewigkeit standen, sagen hören, sie würden jetzt klarer sehen, was sie hätten tun sollen, und würden es jetzt gern tun, wenn es ihnen vergönnt wäre weiterzuleben? Und kam uns dann nicht der Gedanke: Freund, du kannst diese Erkenntnis nicht mehr nutzen, ich aber kann es noch, und mich verpflichtet sie, da ich sie von dir hören muss! Berührt uns in solchen Erlebnissen die Erfahrung des Todes nicht spürbarer, als wenn wir es bloß in Gedanken mit ihm aufnähmen?

Könnten wir nicht viel reicher an Erfahrungen sein – auch an solchen, von denen viele sagen, man könne sie nur einmal machen? Wird etwa aus unserer nächsten Umgebung gerade der Mensch herausgerissen, der am wenigsten zu entbehren schien, dann kann an diesem Schicksalsschlag die ganze Frage nach dem Sinn der Weltordnung aufgerollt werden. Wie seltsam ist das doch, wenn wir es recht überlegen! Erfahren wir nicht täglich aus aller Welt die gleichen Schicksale? Sind sie uns nicht schon immer zu Ohren gekommen? Hätten wir uns diese Frage nicht längst stellen müssen, so dass sie jetzt nicht mehr mit unerwarteter Wucht auf uns treffen könnte? Wirft das nicht ein eigenartiges Licht auf unsere Selbstbezogenheit, die nur das ganz ernst nimmt, was uns selbst unmittelbar angeht? Es würde uns wohl mehr zur Ehre gereichen, wenn wir die Erfahrungen anderer näher an uns herankommen ließen – und es würde uns auch tatsächlich reicher machen an Erfahrung. Auf alle Fälle können wir uns Menschen denken, die sich aus dieser Enge befreien, die in sich die Fähigkeit wirklich ausgebildet haben, die das Evangelium von uns fordert, die Erfahrungen anderer so ernst zu nehmen wie eigene. Wie viel würde diesen Menschen erspart bleiben! Wie reich und reif müssten ihre Seelen sein!

„Ich sterbe tausendfach mit meinen Kindern", spricht die Kirche (G. v. Le Fort), und darin gründet ihre Furchtlosigkeit und Überlegenheit über die Welt. Kirche aber sind wir – in dem Maße, in dem wir das Christsein in die Tat umsetzen. Also fehlt es nicht an Wegen und Möglichkeiten, diese aufschlussreichste Erfahrung zu machen, es kann höchstens der Mut fehlen oder die Liebe, die sie auf sich nimmt.

Was aber erfährt der Mensch im Tod? Er kann wohl zweierlei erfahren: Er erfährt den Tod selbst und etwas von jenseits des Todes, das im Tod in diese Welt hereinragt. Vom Tod selbst erfährt der Mensch die völlige Ohnmacht, nicht nur seiner selbst, sondern auch aller Menschen und all ihrer Weisheit, Kunst und Erfindungen. Je näher es in Richtung auf den Tod geht, desto mehr rückt all dieses von ihm weg in die Ferne und zuletzt ins Nichts. Es wird unwesentlich. Es beginnt ja am Menschen selbst: Es ist bereits eine aufschlussreiche Erfahrung, wenn seine Glieder ihren Dienst versagen! Wenn er sich nicht zu etwas hinbewegen kann, sobald es ihm einfällt, ja, wenn er sich selbst vielleicht nicht einmal den geringsten Dienst leisten kann, über den er sich sonst nie Gedanken gemacht hätte! Wenn er sonst für irgendein Versagen Hilfe technischer Art genug zu finden wusste, jetzt wird ihm gewiss, dass hier keine Macht der Welt mehr aufkommt, dass alles Ohnmacht ist angesichts der Macht, die sich jetzt an ihm erweist. Und das ist die andere Seite seiner Erfahrung, die ihn nun gleichsam von drüben her, von jenseits des Todes her, etwas ahnen lässt, das er noch nie so erlebt hat. Wer ist diese Macht, vor der alles andere Ohnmacht wird? Ist es ein Gesetz? Oder Natur? Darüber hilft und täuscht kein jahrhundertealter Materialismus und Atheismus hinweg. Auch wenn er das Gesetz der Vergänglichkeit tausendfach um sich herum bestätigt findet – für den Menschen ist der

Tod etwas anderes als für die Natur. Hier ahnt er ein furchtbares Verhängnis. Die Offenbarung deutet ihm diese Ahnung, bestätigt sie und erleuchtet sie! „Durch einen Menschen kam die Sünde in die Welt und durch die Sünde der Tod, und so ist der Tod auf alle Menschen übergegangen, weil alle in ihm gesündigt haben." (Röm 5,12) Der Tod erklärt sich nicht selbst, er hat keine Macht aus sich, er ist keine Wesenheit, er erklärt sich auch nicht aus der Natur allein. Er weist aber den Menschen hin auf einen, der ihn gesandt hat! Auf einen Unerbittlichen, einen Unbestechlichen, einen, vor dem der Mensch nun begreift, dass er sein ganzes Leben vor ihm gestanden haben müsste, vor dessen Wahrheit und umfassender Wirklichkeit er sich aber in Nichtigkeiten versteckt hat. Aus diesem Versteck wird er jetzt hervorgeholt! Manchen Ruf hat er zeit seines Lebens überhört, jetzt aber kann er ihm nicht mehr ausweichen: Adam, wo bist du?

Gewiss, der Mensch behält immer noch die grauenvolle Freiheit, in dem Rufenden Gott nicht anzuerkennen; er muss ihm zwar gehorchen, aber er muss nicht „Ihm" gehorchen; doch es gehört ein viel größeres Maß an Verblendung dazu, auch jetzt noch immer nicht Gott anzuerkennen.

Denn wird im Tod offenbar: Nicht wenn meint, dass seine Aufgabe nun erfüllt sei oder dass sein Leben keinen Sinn [...] oder er keine Lust mehr habe zu leben, sondern wenn es gefällt, dessen Gedanken nicht unsere Gedanken und dessen Wege nicht unsere Wege sind – wird er gerufen. Und das ist der Tod: Der Bote des allmächtigen Gottes. Darin liegt seine Unwiderstehlichkeit. Darin liegt für den Menschen, der Gott nicht kannte, der Gott nicht kennen wollte, der, statt Gott anzuerkennen, einen ihm gefälligen Sinn des Daseins suchte und setzte, die Bedrohung, dass jetzt nicht gilt, was er – der Mensch – wollte und für gut hielt, sondern: der lebendige Gott!

Was diesem Menschen aber Schrecken einflößt, ist für den Gläubigen Grund der Zuversicht. Für ihn, der gewohnt ist, auf den Herrn zu schauen, „wie die Augen der Magd auf die Hand der Herrin schauen" (Ps 122,3), von der sie alles empfängt, Befehl und Geschenk, Auftrag und Gnade und beides mit gleichem Vertrauen und gleicher Bereitschaft: So nimmt der Gläubige den Tod aus der Hand des Herrn.

Eine Erfahrung in Gratrys Jugend

In seinen „Erinnerungen aus meiner Jugend" berichtet Gratry[1] von einem Erlebnis, das er selbst das größte seines Lebens nennt. Wir könnten es als sein Damaskus bezeichnen. In der Tat lassen sich die Spuren dieses Erlebnisses durch alle seine Werke verfolgen, und diese wiederum haben geholfen, Tausende von Menschen zu formen.

„Ich war damals siebzehn und ein halbes Jahr alt. Ich erfreute mich alles Glücks, das ein junger Mensch haben kann. Eben hatte ich noch den zweiten Preis erhalten, das bedeckte mich in den Augen meiner Mitschüler mit Ruhm. Ich betete meine Eltern an, die glücklich waren und voll Stolz auf meine kleinen Erfolge. Ich hatte sehr liebe Schulfreunde, erfreute mich der strahlendsten Gesundheit und einer überquellenden Fülle von Talent: Ich war voll Zuversicht und Freude.

Es war an einem Herbstabend. Wir waren gerade von den Ferien ins Kolleg zurückgekehrt. Die Zöglinge waren im Schlafraum, jeder hatte sich eben in seine Zelle zurückgezogen. Anstatt mich auszukleiden, hatte ich mich auf das Bett gesetzt, in vielerlei angenehme Gedanken für das beginnende „klassische Jahr" versunken. Da begannen alsbald folgende Gedanken auf mich einzudringen. (Das Ganze und das Einzelne ist für ewig in mein Gedächtnis eingegraben, wie kindlich auch der Ausgangspunkt war.)

‚Jetzt bin ich also im zweiten Jahr der Rhetorik. Ich bin der Beste in meiner Klasse und im Kolleg und vielleicht der beste aller Schüler von Paris. Werde ich den ersten Preis erlangen? Könnte ich nicht alle ersten Preise beim Schlussexamen bekommen? Alle schwerlich, aber drei oder vier. Ja, das ist wohl möglich! Im folgenden Jahr der Philosophie werde ich wahrscheinlich den Preis erhalten. Danach werde ich mein Juristisches machen. Werde ich

---

1 Gratry, Auguste-Joseph-Alphonse (1805-1872), französischer Theologe und Philosoph.

dabei der Erste unter den Schülern sein? Warum nicht? Ich sehe schon: Die Menschen arbeiten wenig; sehr wenige Menschen haben Willen, Ausdauer und Energie. Es herrscht überall Weichheit und Schlaffheit. Wenn ich also fest will, werde ich den Sieg davontragen durch Eifer, Arbeit und Zähigkeit.

Ich werde sprechen und schreiben lernen. Ich werde so gut sprechen und schreiben wie diejenigen, die es am besten können. Ich werde Rechtsanwalt, ein sehr guter Rechtsanwalt. Ich werde nie lügen. Das ist sinnlos, unmöglich und geschmacklos. Wenn ich eine Sache verteidige, weiß man, dass sie gerecht ist. Wenn ich etwas sage, weiß man, dass ich so denke. Ich werde eine schöne Stellung erringen und mein Glück machen.

Aber Handwerk genügt nicht! Es muss noch etwas Besseres und Größeres geben. Man muss etwas Schönes tun. Ich werde ein Werk schreiben. Zu welchem literarischen Rang wird es mich bringen? Werde ich zur gelangen? Zweifellos! Aber zu welchem Ruhm noch außerdem? Wie Laharpe oder Casimir Delavigne? ... Das wäre schön ... aber vielleicht nicht genug ... Etwa wie Voltaire, Rousseau, Racine, Corneille, Pascal? Ach, das ist vielleicht zu ehrgeizig. Schließlich, man kann ja nicht wissen!

Auf alle Fälle liegt vor mir eine schöne Zukunft. Welch ein Glück! Nur Mut! Mein Vater, meine Mutter und meine Geschwister werden glücklich sein. Ich werde viele Freunde haben. Ich werde ein Landhaus in der Nähe von Paris kaufen. Ich werde mich verheiraten! Welche Wahl! Und welche Liebe!'

Das waren meine ersten Gedanken, die hier nur aufhörten, um einer Art Schau meines Lebensglückes Platz zu machen.

In diesem Augenblick gab mir Gott eine erstaunlich klare Vorstellungskraft voll Fruchtbarkeit, Beschwingtheit und Schönheit. Ich sah mein Leben abrollen von Jahr zu Jahr in wachsendem Glück, sah Personen, Dinge, Ereignisse und Orte; sah mein Schloss, meine Freunde, meine Familie; die schöne, bewunderungswürdige Gefährtin meines Lebens; meine Kinder, die Freuden, die Feste, das innere und das verschenkte Glück.

Ich weiß nicht, wie lange diese Schau dauerte; es war prachtvoll und ergreifend. Alles auf Erden mögliche Glück war darin zusammengefasst. Aber diese Schau ging weiter. Alles ging immer besser und ich sagte immer: ‚Weiter! Weiter! Und dann! Und dann!' Es entging mir nicht, dass ich um die Zeit meines Glückes so und so alt sein würde, und dann fiel mir ein, dass dann mein Vater schon recht alt sein und dass er vielleicht um diese Zeit sterben würde ... Mutter würde ihn überleben, aber vielleicht um nicht mehr als zehn Jahre. Und wenn meine Schwester vor mir stürbe! Wenn der und jener stürbe! Wenn ich meine Frau verlöre! ... Man hat es erlebt, dass Menschen alle ihre Freunde, ihre ganze Familie, sogar ihre Kinder überlebten! ... Wie muss das traurig sein!

Die erlöschende Sonne, die noch kurz zuvor meine Vorstellung vergoldete, begann ein ganz anderes Licht zu werden. Eine breite, schwarze Wolke zog vor die Sonne. Alles wurde fahl, und ich musste mir sagen: nach all dem werde auch ich sterben! Ein Augenblick wird kommen, da ich auf ein Bett hingestreckt liegen werde, dort werde ich den letzten Kampf haben, werde sterben und alles wird zu Ende sein.

Gott gab meiner Vorstellungskraft immer noch die gleiche Gewalt. Er ließ mich den Tod sehen, fühlen und kosten, wie er mich vorher das Leben hatte sehen, fühlen und kosten lassen. Ich kann unmöglich ausdrücken, mit welcher Wahrheit ich den Tod sah, ich fühlte ihn ganz und gar. Er wurde mir gezeigt, gegeben, entschleiert. vielleicht werde ich ihn mit ungleich weniger Kraft und Erleuchtung sehen und fühlen.

Alles ist also aus, sagte ich mir: kein Vater, keine Mutter, keine Freunde mehr; ... keine Sonne, keine Menschen, keine Welt mehr, nichts mehr! In einem Nu bin ich hindurch geeilt! Ich sehe noch von hier aus die Jahre meiner Kindheit, ich sehe sie von meinem Totenbett aus. Es ist nicht weit von der Kindheit zum Tod. Es ist ein Tag, der sehr schnell zu Ende geht, es ist ein Traum!

Das ist also das Leben! Alle Menschen werden geboren und sterben so! Seit Anbeginn der Welt bis zum Ende wird es so sein. Die Geschlechter folgen sich und gehen schnell vorüber, jedes lebt einen Augenblick und verschwindet – das ist schrecklich! Da sah ich diese Geschlechter vorübergehen und verschwinden wie Herden, die zum Schlachthaus kommen, ohne daran zu denken;

wie Wellen eines Stromes, die sich einem Wasserfall nähern, wo sie hinunter müssen, alle der Reihe nach, aber um unter der Erde zu bleiben und nicht mehr zur Sonne zu finden.

Ich sah kleine Wellen in diesem Fluss augenblickslang steigen und springen, für die Dauer eines Augenzwinkerns einen Sonnenstrahl widerspiegeln, dann untertauchen. So ein Wellchen bin ich. …

Bei diesem Anblick stand ich unbeweglich und wie angenagelt vor Staunen und Schrecken. ‚Was soll denn das alles bedeuten?', rief ich aus!

Niemand beunruhigt sich darüber, man geht weiter und kümmert sich um nichts! Man lebt wie die Fliegen, die in einem Sonnenstrahl tanzen und hüpfen! Wozu diese Augenblickserscheinungen inmitten dieses hineilenden Stromes? Warum leben wir? Warum kamen wir? Wozu? Ich war verzweifelt. Ich starrte immerzu mit Grauen auf das furchtbare und unlösbare Rätsel.

Die Verzweiflung brachte mich dann dazu, meine Kräfte zu sammeln und irgendwo Hilfe zu suchen. Kann das alles sein? Sollte alles töricht, unnütz, sinnlos sein? Hat das alles einen Sinn? Welchen? Wenn dies hier nicht alles ist, wo ist das, was darüber ist, und wozu dient das, was ich sehe?

Ich sah keine Antwort auf diese Fragen, aber ich begann, an Gott zu denken. O, mein Gott! Gibt es denn einen Gott? Und immer verzweifelter machte ich eine neue Anstrengung: Mein ganzes Sein empfand eine kraftvolle Zusammenfassung aller Fähigkeiten nach innen. Ich kehrte in meine Seele ein und durchdrang in einem Augenblick Tiefen, die ich nie wahrgenommen hatte. Ich glaube heute noch, diese grundlose Tiefe zu sehen. Plötzlich brach aus diesem unergründlichen und geheimnisvollen Abgrund ein scharfer, doppelter, zerreißender und durchbohrender Schrei, der die äußersten Grenzen des Alls hätte erreichen und darüber hinaus in den leeren Raum hinaushallen können … oder in Gott hinein, wenn das All umschlossen ist von Gott …‚O, Gott!', schrie ich und schrie nicht allein. Es war noch ein anderer in mir, der schrie und meinem Schrei eine unwiderstehliche Kraft gab. ‚O, Gott! O, Gott! Licht! Hilfe! Lös mir das Rätsel … O, mein Gott! Ich verspreche und ich schwöre, o, mein Gott, lass mich die Wahrheit erkennen, und ich werde ihr mein ganzes Leben weihen!'

Sofort begriff ich, dass ich nicht umsonst gerufen hatte. Ich fühlte, dass es eine Antwort gab oder geben würde. Etwas sagte mir, aber zaghaft und von fern, dass es offenkundig keine andere mögliche Lösung gab als die Religion, aber das schien mir fad und fesselte meine Aufmerksamkeit nicht weiter. Nur der Verzweiflung war ich entronnen, ich fühlte, dass es Wahrheit gibt, dass ich sie kennen lernen und dass ich ihr mein ganzes Leben weihen würde."

2. Sterben als Antwort-Tat des gläubigen Menschen

Mit der Erkenntnis, dass der Tod in der Hand Gottes liegt, beginnt der Glaube bereits zu triumphieren, heben schon selige und den Tod überwindende Gesänge an zu erwachen wie der des Apostels: „Tod, wo ist dein Stachel, Tod, wo ist dein Sieg?" Schon ergreift der Glaube die „Macht", die „denen gegeben ist, die glauben" (Joh 1,12). Weiß er doch, dass „denen zum Besten gereicht, die Gott lieben" (Röm 8,28); und wem anders ist gesagt: „alles ist euer"? (1 Kor 3,32).

Der Gläubige begreift: Ja, wir können hier schon den Satz wagen: Erst die folgenden zwei Kapitel werden dies freilich ganz erhellen.

Wie aber kann das geschehen?

Dem gläubigen Auge erscheint der Tod als wirkliche und wirksame. Die Sünde besteht ja darin, dass der Mensch sich von Gott abwendet und sich an die geschaffenen Dinge dieser Welt verliert.

Darin liegtdie Beleidigung Gottes, dass der mit Erkenntnis begabte Mensch eine Kreatur dem Schöpfer vorzieht. In dieser doppelten Hinsicht sühnt nun aber der Tod die Kränkung und richtet die rechte Ordnung wieder auf: Der Tod ist auf alle Fälle die völlige Trennung von allen geschöpflichen Gütern, er ist aber beim Gläubigen auch die völlige und innerlich vollzogene Hinwendung zu Gott. Indem er den Tod, der ihn herausruft aus allen irdischen Bindungen, als Gottesboten versteht, folgt er nicht nur einer Übermacht, sondern antwortet in seinem Gehorsam dem, der da ruft. Er wendet sich nicht bloß und löst sich vom Geschöpf, sondern kehrt sich zum Schöpfer hin und darin erfüllt sich der Sinn aller Losschälung von den Geschöpfen. Zeitlebens hat er darum gerungen, dass die Geschöpfe ihn nicht ausfüllen sollten, täglich hat er mit schmerzlicher Selbsterkenntnis festgestellt, wie sehr ihn doch wieder irdische Wünsche und Regungen mehr in die Obliegenheiten dieser Welt verstrickt haben, als er wollte und sollte. Oft hätte er darum gern das Irdische überhaupt abgestreift, es wäre ihm leichter erschienen, allem zu entsagen, als inmitten der irdischen Güter zu leben und von ihnen doch im Innersten frei zu bleiben. – Aber da waren Pflichten, denen er sich nicht entziehen konnte, da war der Auftrag Gottes, der in der Welt ausgeführt werden musste! Jetzt aber ist es klar: jetzt er alle irdischen Rücksichten zurücktreten lassen, jetzt darf er der Welt den Abschied geben, jetzt darf er sich ganz und ausschließlich Gott zuwenden, jetzt hört die Welt auf, eine Gefahr für ihn zu sein, jetzt fängt Gott an, ihm alles zu werden. Indem der gläubige Mensch diesen Sinn des Todes versteht und bejaht, hört dieser für ihn auf, ein bloßes Erleiden zu sein, er wird eine. Freilich eine Tat, die er erst setzen darf, wenn sie von ihm gefordert wird, die er darum auch nur so verborgen als seine Tat setzen kann, dass alle Gefahr ausgeschlossen ist, etwas von der höchsten Verfügungsmacht über sein Leben, die nur seinem Schöpfer und Herrn zusteht, an sich zu reißen. Das ist so sehr der Fall, dass nur zu leicht übersehen werden kann, wie der Tod – oder besser gesagt: das Sterben – eine wirkliche Tat ist.

Der Mensch, der aus freiem Ermessen sein Sterben als Tat setzt, verkehrt den Sinn des Todes in sein Gegenteil. Er treibt dann nämlich die Auflehnung bis zum Äußersten. Die letzte große Möglichkeit, allen Ungehorsam auszumerzen, ist damit vergeben. Auf diese Möglichkeit kann der Mensch nur. Auch dieses Warten hat freilich seinen Sinn. Auch dieses Warten kann ganz erfüllt sein vom Gehorsam, und je länger ein Mensch warten muss, desto größer, nicht bloß desto länger dauernd, wird sein Gehorsam und damit sein Sühnewert – ganz abgesehen von dem Leiden, das ihn vielleicht den Tod ersehnen lässt.

In einer Zeit, in der man die Verfügungsmacht über das Leben und die Bestimmung, ob ein Leben oder Leiden noch einen Sinn hat oder ob seine Abkürzung vorzuziehen ist, immer selbstverständlicher an sich zu nehmen bestrebt ist, muss es uns erst wieder klar werden, dass in einem darniederliegenden und ohne Aussicht auf Heilung leidenden Menschen eine höchste Verherrlichung Gottes liegt. Wir sind uns bewusst, was wir damit sagen! Wir sind uns bewusst, dass der letzte Satz erbitterten Hohn auslösen wird bei denen, die nicht an den Gott der Offenbarung glauben. Sie sehen in einem solchen Schicksal gerade den stärksten Beweis dafür, dass es den Gott der Gläubigen, den Gott der Vorsehung nicht gibt. Sie müssten einen solchen Gott, der das weiß und sieht, und der das ändern könnte, aber nicht will, ein Ungeheuer an Grausamkeit nennen. Sie wollen lieber keinen Gott als einen solchen. Sie verzichten lieber auf den Trost einer höchsten Weisheit und Güte bei der Lenkung der Welt und nehmen dafür das Recht und den Sinn und die Entscheidung in die eigene Hand.

Wenn es also eines Beweises bedarf, dass der Tod wirklich eine höchste Sühne für alle angemaßte und missbrauchte Selbstbestimmung und Selbstverfügung des Menschen, eine letztgültige Antwort des Gehorsams gegenüber Gott ist, dann besteht er in diesem Widerspruch, den der Unglaube dagegen erhebt. Um das Sterben als Tat, aber als Tat des Gehorsams, zum Ausdruck zu bringen, haben wir es die Antwort-Tat des Gläubigen genannt. So wird schon erkennbar, wie innig Gott und Mensch sich hier treffen, so dass nach außen ununterscheidbar wird, ob es eher Gott ist, der hier wirkt und wirken will oder der Gläubige.

Eines ist jedoch wahr: So gewiss es ist, dass jeder, der an den persönlichen, überweltlichen Gott glaubt, diesen Sinn des Todes anerkennen muss – wir hätten schwerlich gewagt, es so auszusprechen, wie es oben geschah, ohne das. So müssen wir den wichtigsten Teil der Begründung dem nächsten Kapitel zuweisen.

3. Die Vollendung des Sterbens im Christen und die Vollendung des Christen im Sterben

Für einen Christen kann es nichts geben, das außerhalb Christi von Bedeutung wäre. Entweder ist etwas in Christus, oder es besagt für ihn nichts. Und so viel, als es in Christus ist, so viel Wert und Bedeutung hat es. Das ist für den Christen so, weil es bei Gott so ist. Von Gott hat er gehört, dass dieser an Christus sein Wohlgefallen hat; von Gott weiß er, dass wir auserwählt sind vor Grundlegung der Welt und dass entsprechend dieser ersten aller Gnaden alle anderen nur dieses eine Ziel haben, uns Christus gleichförmig zu gestalten. In ihm kennt er uns, in ihm liebt er uns, in ihm verherrlicht er uns. Wer aber nicht in ihm erfunden wird, der ist außerhalb seiner Erbarmung.

Danach bemisst der Christ alle Dinge dieser Welt. Die Dinge dieser Welt sind gut, sofern sie ihn seinem Herrn näher bringen, und sie sind deshalb gut, weil sie ihn seinem Herrn näher bringen. Was aber sollte es in der Welt geben, das ihm diesen Dienst nicht leisten könnte? „Wir wissen doch, dass denen, die Gott lieben, alles zum Besten gereicht, weil sie nach seinem Ratschluss gerufen sind; denn die er vorher erkannt hat, die hat er auch vorherbestimmt, dem Bild seines Sohnes gleichförmig zu werden. … Darum bin ich überzeugt, weder Tod noch Leben, weder Engel noch Herrschaften, weder Gegenwärtiges noch Zukünftiges, weder Hohes noch Niedriges noch sonst etwas Geschaffenes wird uns scheiden können von der Liebe Gottes, die da ist in Christus Jesus, unserem Herrn." (Röm 8,38ff)

Solche Zuversicht und Sicherheit und solches Rühmen hat der Getaufte in Christus gegenüber allen Dingen der Welt. Sehen wir zu, wie es vor dem Tode standhält.

Was bedeutet „Sterben in Christus"? Wenn der Getaufte alles danach bemisst, ob es ihn Christus ähnlicher macht, was bedeutet dann Sterben? Bisher durfte er sich schon in fast allen Lagen und Verhältnissen seines Lebens sagen: Jesus hat das ebenfalls durchgemacht; Einsamkeit und Nicht-zur-Ruhe-Kommen vor lauter Andrang, Zulauf und Verachtung, Erfolg und Misserfolg, stillste, unscheinbarste Verborgenheit und größte Öffentlichkeit, Freundesliebe und Verrat. Manchmal mochte es ihm auch schwer erschienen sein, die innere Einheit und Gleichheit der Geschehnisse herzustellen, die Umwelt hat sich stark verändert, manches Heilandswort hört sich unter dem nordischen Himmel anders an als unter dem südlichen, der See Genezareth stellt ein anderes Umfeld dar als die europäische Großstadt – manchem bleibt vielleicht die Erfahrung des Hungers erspart, vielleicht auch manchem die Erfahrung des Verrates, manchem sicher die Erfahrung der Öffentlichkeit: Sterben ist jedem zugänglich, jedem unausweichlich und bei jedem entscheidend.

Wenn ein Getaufter unter Angst leidet – sie mag als Gegenstand haben, was immer es sei, sie mag wohl dem oder jenem unbegründet erscheinen – ist sie noch lange nicht bewältigt und hat erst recht noch keinen Sinn. Wenn sich der Getaufte aber sagt: Sieh, was du nun für eine Möglichkeit hast, die Angst deines Herrn zu verstehen und zu ehren, ihm darin nachzufolgen – dann weiß er, dass er das Beste der Angst entdeckt hat, und dass sie fortan zu den Dingen gehört, die ihm zum Besten gereichen, und das kann und soll ihm wichtiger sein, als dass der oder jener überhaupt ohne Angst in dieser Situation ist. Sucht er denn den Ruhm, den ihm die Welt zollt, wenn er sich nach ihren Maßstäben messen lässt? Oder sucht er vielleicht nach Art der Stoiker ohne viel Empfindung möglichst „sachlich“ allem zu entsprechen? Oder sucht er vielmehr, seinem Herrn ähnlich zu werden, und freut sich, dass ihm hier ein neuer Zugang zu ihm eröffnet ist?

Wie könnte er sonst ihm gleichförmig werden? Denn einstweilen können wir ihm ja nur gleichförmig werden in der menschlichen Gestalt. Wie aber die menschliche Gestalt Jesu geformt worden ist, wie sein Geist die Dinge der Welt in sich aufnahm, so dass er zunahm an Weisheit, und wie seine Seele ihre Kräfte einsetzen und entfalten musste, so dass er „Gehorsam lernte in seinem Leiden“, bis er alles „vollendete“ in seinem Sterben, so können wir ihn verstehen, so können auch wir uns formen lassen von denselben Dingen, Mächten und Schicksalen dieser Welt nach seinem Bild; dann verdienen wir uns an ihnen, was er sich an ihnen verdient hat: damit wir, „nachdem wir mit ihm gelitten haben, mit ihm auch verherrlicht werden“ (Röm 8,12).

Lassen wir es nun einmal dahingestellt sein, was alles notwendig dazu gehört, damit jemand wahrhaft Christus gleichförmig werde, und was ihm vielleicht erspart oder vorenthalten werden kann, ob z. B. Angst notwendig dazu gehöre, ob ungerechte Beurteilung und Undank notwendig dazu gehören. Eines gehört sicher dazu: das Sterben.

Immer schon hat der Christ das Sterben Jesu geehrt; in jedem Kreuzzeichen, das er über sich machte, in jedem Sakrament, das er empfing, in jedem Segen, der ihm in diesem Zeichen gespendet wurde, in jedem heiligen Opfer, das er feierte. Eigentlich gilt von allen Heilshandlungen: „Sooft ihr dies tut, verkündet ihr den Tod des Herrn.“ (1 Kor 1,16) Freilich, es war ihm nicht immer die höchste Ehrfurcht vor diesem höchsten aller Geheimnisse der Offenbarung möglich, und darum konnte er nicht immer die ganze Fülle der Gnadenkräfte daraus schöpfen. Wenn das Kreuz in seinem eigenen Leben stand, wenn er dazu „ja“ sagen lernte aus der Kraft des Kreuzes Christi, dann verstand er es wohl anders, was das Sterben Jesu bedeutet, dann war er ganz anders damit verbunden, dann hielt er sich nicht bloß irgendwie äußerlich daran, sondern vollzog es wenigstens zum Teil in sich selbst mit. Darin wurde sein eigenes Leid heilig und das Leid Christi für ihn als Heilsquelle erschlossen.

Nun aber bahnt sich die große Möglichkeit an, das Höchste und das Ganze des heiligen und heilbringenden Leidens Christi mit zu vollziehen! Selig, wer es jetzt fassen kann! Selig, wessen Glaube in diesem Moment groß genug ist, dass er nun nicht bloß Hilfe sucht bei Christus, sondern sein Sterben begreift als höchste Ehrung des Sterbens Christi, das dem Sterben Christi zwar nichts an Wert hinzuzufügen vermag und doch als dessen krönende Frucht angesehen werden kann, somit eine größere Verherrlichung darstellt als alle steinernen und sonstigen Kunstbilder zu

Ehren des für uns gestorbenen Herrn. Außerdem macht es den Gläubigen selbst würdig, wie sonst kein Gebet und kein Segen ihn würdig machen können, aller Früchte und Verdienste des Leidens Christi teilhaftig zu werden – und höhere gibt es doch keine!

Selig, wer sich jetzt wahrhaftig als Glied Christi begreift, an dem sich nicht so sehr das Gesetz der Natur erfüllt, sondern das Gesetz der Gnade! Selig, wer in allem, was an ihm vor sich geht, nicht so sehr den Verlauf bestimmter Krankheitsgesetze zu erkennen vermag, sondern die Einlösung eines Treueverhältnisses zu Jesus, das er gar nicht ändern möchte, auch wenn er es könnte! Ja, wenn seine Hingabe an Jesus wirklich zu ihrer Entfaltung gekommen ist, dann wird er das Leiden des Herrn nicht dshalb lieben, weil es ihn tröstet und ihm hilft, sein eigenes Leid zu tragen, sondern er wird sein eigenes Leid lieben, weil es ihm hilft, Jesus näher zu kommen. Nehmen wir einmal an, es gäbe die Möglichkeit, ohne den Tod in das Reich der Herrlichkeit mit Christus zu kommen, so müssten wir uns doch denken, dass diejenigen, die den Kelch mit ihm getrunken haben, ihm näher stünden, gleichwie ein siegreicher König auch das Verlangen hat, diejenigen seiner Krieger besonders zu ehren, die mit ihm gemeinsam in der ärgsten Gefahr standen.

Von hier aus begreifen wir auch erst vollends den Sühnewert des Leidens als Antwort-Tat. Die genugtuende Kraft kommt ihm nur zu durch die Vereinigung mit dem Leiden und Sterben Christi. Je mehr diese Vereinigung im Glauben („dass Christus durch den Glauben in euren Herzen wohne" – Eph 3,17) wirklich und wirksam ist, je mehr nach beiden Seiten hin, d. h. in der Lösung von allem Irdischen und in der bedingungslosen Hingabe an Gott, die Vereinigung mit Christus wirksam ist, desto höher ist der Sühnewert vor Gott. Er wurde „für uns zur Sünde gemacht" (2 Kor 5,21), damit an seinem sterblichen Leibe die Sünde gekreuzigt werde.

Nur als Glieder Christi können wir unser Sterben als Sühne gültig wissen, denn unser Sterben wird vor Gott mit dem Sterben Jesu eins, und so breitet sich dann auch die Sühnekraft des Sterbens Christi auf alle seine Glieder aus. Selbst wenn unser Leben und Beten, unser Kämpfen und zuletzt unser Sterben nicht in eins zu sehen vermögen mit dem Leben und Beten, dem Kämpfen und Sterben Christi: aber sieht es so! Gott sah und sieht uns nie anders! „In ihm hat er uns erwählt“ (Eph 1,4), „in ihm verherrlicht er uns auch“, ja, in der Sprache des Apostels „hat er uns schon verherrlicht“ (Röm 8,30). Darum ist „in den Augen des Herrn kostbar der Tod seiner Heiligen“ (Ps 115,15).

Trostbrief eines Christen über den Tod seines Vaters

Wir sind im Besitz eines Briefes mit einer Betrachtung über den Tod, der gegenüber viele andere Darlegungen, auch wenn sie von Christen und für Christen geschrieben wurden, an wirklich christlichem Gehalt weit zurückbleiben. Wir wollen einen bedeutenden Teil dieses sehr langen und vielleicht auch langatmigen Briefes hier in Übersetzung bringen; denn wir wüssten nichts, was die Gedanken dieses Kapitels treffender vertiefen und die des nächsten besser einleiten könnte. Der Brief stammt von Blaise Pascal und ist – unter dem Datum des 17. Oktober 1651 – gerichtet an seine älteste Schwester und deren Ehemann. Ihm ging ein anderer Brief voraus, der durch das Versehen einer jüngeren Schwester unvollendet abgeschickt worden war. Darin müssen nähere Einzelheiten über den Tod des Vaters dargestellt gewesen sein, die für die Angehörigen sehr tröstlich waren. Daran knüpft Pascal an und sagt noch einmal zusammenfassend, „dass sein Ende so christlich, so glücklich, so heilig und so, wie man es nur wünschen kann, war, dass es – wenn man diejenigen, die durch die Gefühle der Natur daran beteiligt sind, außer Betracht lässt – niemanden geben kann, der sich nicht darüber freuen müsste“. Daraufhin beginnt er nun, seiner Schwester die Gedanken darzulegen, in denen er wohl selbst zuerst seinen Trost gefunden hat; denn er hing sehr an seinem Vater.

„Wir wollen also den Tod betrachten in der Wahrheit, welche uns der Heilige Geist gelehrt hat. Wir haben diesen wunderbaren Vorteil zu wissen, dass in Wahrheit und Wirklichkeit der Tod eine Strafe der Sünde ist – dem Menschen auferlegt, um seine Schuld zu sühnen, notwendig für den Menschen, um ihn von der Sünde zu reinigen; denn der Tod allein kann die Seele von der Begierlichkeit der Glieder befreien, ohne die in dieser Welt nicht einmal die Heiligen leben.

Wir wissen, dass das Leben, das Leben der Christen, ein fortwährendes Opfer ist, das nur durch den Tod vollendet werden kann. Wir wissen, dass, wie Jesus Christus bei seinem Eintritt in die Welt sich betrachtet und Gott dargeboten hat als Brandopfer und wahre Opfergabe (seine Geburt, sein Leben, sein Tod, seine Auferstehung, seine Himmelfahrt, seine Gegenwart in der Eucharistie, sein ewiges Thronen zur Rechten sind nur ein einziges Opfer), so auch, dass, was in Jesus Christus geschah, allen seinen Gliedern geschehen muss.

Betrachten wir also das Leben als ein Opfer, und die Ereignisse des Lebens werden auf den Geist der Christen in demselben Maße Eindruck machen, als sie dieses Opfer unterbrechen oder erfüllen. Böse wollen wir nur das nennen, was aus der Opfergabe Gottes eine Opfergabe an den Teufel macht; gut aber wollen wir das nennen, was die Opfergabe des Teufels in Adam zu einer Opfergabe Gottes macht. Nach dieser Regel wollen wir die Natur des Todes untersuchen.

Um das zu betrachten, muss man sich an die Person Jesu Christi halten; denn alles, was im Menschen ist, ist verabscheuungswürdig. Da Gott die Menschen nur durch den Mittler Jesus Christus betrachtet, so sollten auch die Menschen andere und sich selbst nur durch Jesus Christus betrachten. Denn wenn wir nicht durch diese Mitte gehen, werden wir in uns nur wahre Übel oder verabscheuungswürdige Freuden finden; wenn wir aber alles in Jesus Christus betrachten, werden wir lauter Trost, lauter Genugtuung, lauter Erbauung finden.

Betrachten wir also den Tod in Jesus Christus und nicht ohne Jesus Christus. Ohne ihn ist er schrecklich, grauenvoll, der Abschaum der Natur. In Jesus Christus ist er etwas ganz anderes: liebenswürdig, heilig, die Freude der Gläubigen. Alles ist voll Süße in Jesus Christus, sogar der Tod; und darum hat er gelitten und ist gestorben, um den Tod und seine Leiden zu heiligen; und darum ist er als Gott und als Mensch alles gewesen, was es Großes gibt und was es Verachtetes gibt, um in sich alles zu heiligen, ausgenommen die Sünde, um Vorbild in allen Verhältnissen zu sein.

Um zu wissen, was der Tod ist, und zwar in Jesus Christus, müssen wir sehen, welche Rolle er in seinem immerwährenden und ununterbrochenen Opfer spielt. Aus dem Grund ist zu bemerken, dass bei Opfern der wichtigste Teil der Tod der Opfergabe ist. Darbringung und Heiligung gehen voraus, sind Vorbereitungen – die Vollendung ist der Tod, in dem das Geschöpf durch die Vernichtung des Lebens Gott alle Ehre erweist, deren es fähig ist, indem es sich vor den Augen seiner Majestät vernichtet und sein höchstes Sein anbetet, das allein wirklich. Es ist wahr, dass nach dem Tod der Opfergabe noch etwas folgt, ohne das der Tod nutzlos wäre. Die Annahme des Opfers durch Gott. Das ist gemeint mit dem Wort der Schrift: ‚Der Herr roch und nahm an den lieblichen Duft des Opfers.' Das ist die wahre Krönung der Darbringung, aber es ist mehr eine Handlung Gottes zum Geschöpf hin als des Geschöpfes zu Gott hin und ändert nichts daran, dass

Das alles wurde erfüllt in Jesus Christus. Beim Eintritt in die Welt brachte er sich selbst als Opfer dar: er hat sich selbst durch den Heiligen Geist dargebracht ‚Er kam in die Welt und sprach: Herr, an Opfern hast du kein Gefallen, aber einen Leib hast du mir bereitet: siehe, ich komme, deinen Willen zu erfüllen, und dein Gesetz ist mitten in meinem Herzen.' Das ist seine Darbringung. Seine Heiligung war unmittelbar verbunden mit der Darbringung. Dieses Opfer währte sein ganzes Leben hindurch, erfüllt wurde es im Tod. ‚Er musste durch das Leiden gehen, um in seine Herrlichkeit einzugehen. Und obwohl er Sohn Gottes war, musste er Gehorsam lernen. …'

So verhält es sich also damit bei unserem Herrn. Betrachten wir nun, wie es damit bei uns steht. Von dem Augenblick an, da wir in die Kirche eintraten, die die Welt der Gläubigen und im Besonderen der Auserwählten ist (nur Jesus Christus trat schon mit seiner Menschwerdung in sie ein, auf Grund eines Vorrechtes, das dem Sohne Gottes allein vorbehalten ist), von dem Augenblick an sind wir dargebracht zum Opfer und geheiligt. Diese Opferung setzt sich durch unser Leben hindurch fort und vollendet sich im

Tod. Dann trennt sich die Seele in Wahrheit von allen Lastern und von aller Liebe zum Irdischen, dessen Berührung sie in diesem Leben doch immer befleckt, und so vollendet sie ihr Opfer und wird in den Schoß Gottes aufgenommen.

So wollen wir uns nicht ängstigen wie die Heiden, die keine Hoffnung haben! Wir haben meinen Vater nicht in der Stunde des Todes verloren: Wir hatten ihn sozusagen schon verloren, als er durch die Taufe in die Kirche eintrat. Von da an gehörte er Gott; sein Leben war Gott geweiht; seine Handlungen galten der Welt nur um Gottes Willen. In seinem Tod hat er sich gänzlich von der Sünde frei gemacht, und in diesem Augenblick hat Gott ihn angenommen und hat sein Opfer seine Vollendung und Krönung erhalten. Er hat getan, was er gelobt hatte; er hat das Werk vollbracht, das Gott ihm aufgetragen hatte; er hat das alleinige Ziel erfüllt, für das er geschaffen war. Der Wille Gottes ist erfüllt an ihm, und sein Wille ist restlos vereint mit Gott. Möge unser Wille also nicht trennen, war Gott verbunden hat!"

4. Die sakramentale Besiegelung

In der Tat, das Sterben des Christen ist, wie wir sahen, mehr als nur etwas Tröstliches, es ist etwas Heiliges; es ist mehr als eine bloße Unabwendbarkeit, es ist die wahre Krönung und Vollendung seiner wunderbaren und geheimnisvollen Einheit mit Christus, und der Herr gießt über das Sterben seiner Glieder den vor den Menschen zwar verborgenen, vor Gott aber offenbaren Glanz und Wohlgeruch seines eigenen Opfertodes aus. Dass die Welt, die „uns nicht kennt", auch von der Herrlichkeit unseres Sterbens nichts weiß, kann nicht verwundern und sollte uns überhaupt nicht beunruhigen. Dass aber getaufte Glieder Christi, Teilhaber seiner Herrlichkeit, davon kaum etwas wissen, das ist schmerzlich. Ihre Augen sollten durch die Schleier des für alle geltenden Gesetzes die für sie verwandelte Bedeutung erkennen, sonst geben sie weder Christus noch sich selbst noch Gott die Ehre, die ihm gebührt, und loben ihn nicht mit jenem vor staunender Anbetung bebenden Überschwang, der wahrhaft würdig und recht ist.

Damit wir dies alles aber nicht für zu gewagt halten ob der Größe und Schönheit, die uns darin zufällt, und damit unser Glaube, je größer und herrlicher das ist, was wir glauben sollen, um so zuversichtlicher sei, hat Gott uns in der Weisheit und dem Reichtum seiner Gnadenordnung ein Zeichen und Unterpfand gegeben, das uns von seiner Seite aus die Bestätigung aller unserer Hoffnungen gibt, eine sakramentale Besiegelung dieser unserer Christushoffnung im Sterben: Die Krankenölung oder Letzte Ölung.

Damit haben wir bereits die Hauptwirkung dieses Sakramentes angedeutet, die wir noch mehr herausheben wollen, weil sie ansonsten gern – aber zu Unrecht – im Hintergrund gelassen wird.

Die wichtigste Gnadenwirkung aller Sakramente

Alle Sakramente teilen uns ihre ihnen eigenen Gnaden dadurch mit, dass sie uns auf eine besondere Weise mit Christus, der Quelle aller Gnaden, verbinden. So setzt sich in jedem Sakrament das Mysterium des Gottmenschen fort, in dem eine geschaffene und sichtbare Natur zum Gefäß und Vermittler der unsichtbaren Gnade wird, und zwar derart, dass nicht nur das sakramentale Zeichen eine Ähnlichkeit mit der gottmenschlichen Natur Christi erhält, sondern dass der empfangende Mensch selbst wieder an dem sakramentalen Geheimnis Christi teilhat, so dass es im Grund eben nur ein einziges sakramentales Christus- oder Gottmenschgeheimnis gibt. Dieser geheimnisvolle Leib, der durch die Sakramente auferbaut wird, ist Gnade schlechthin, er ist das Ziel jeder Gnade. Und die Funktion jedes Sakramentes ist es, uns in Christus einzugliedern, in ihm zu erhalten, das Leben der Gnade zu vermehren, wiederherzustellen und zu vollenden.

Die Sakramente bewirken also – ihrer Vielzahl und der jeweiligen Situation des Menschen entsprechend, der der Gnade bedarf – vielerlei Gnaden – zuletzt aber doch nur diese eine Gnade, die alle anderen in sich enthält, ihr Ursprung und ihr Ziel ist: die Vereinigung mit Christus, dem Haupt. Vom Menschen aus gesehen kann man es auch so ausdrücken: Die Sakramente bringen das Glied Christi jeweils mit der Seite des „Reichtums Christi" in Verbindung, die es jetzt gerade benötigt und auf die es als Glied Christi auch einen Anspruch hat.

Welcher Art ist nun die besondere Christusvereinigung beim Sakrament der Letzten Ölung? Muss sie uns nicht mit dem sterbenden Christus vereinigen?

Todesleiden Christi und Herrlichkeit

Alle Sakramente weisen eine bedeutungsvolle Beziehung zum Tod und zur Auferstehung Christi auf, bei einigen tritt sie bereits beim sakramentalen Zeichen in Erscheinung, so z. B. bei der heiligen Eucharistie, die deshalb auch „das Gedächtnis des Leidens Christi" genannt wird; ebenso bei der Taufe, weil der Christ darin „in den Tod Christi eingegliedert wird"; sie ist darüber hinaus auch bei den anderen Sakramenten vorhanden, nur ist sie nicht überall auf den ersten Blick zu erkennen. Wenn nun schon diese Sakramente den Gläubigen in so starke Beziehung zum Leiden und

Sterben Christi bringen, wie viel mehr muss es dann der Fall sein bei dem Sakrament, das dem Glied Christi nun helfen soll, sein ganzes Leben durch sein Sterben in Christus hinein zu vollenden.

Und doch sehen die großen Theologen des Mittelalters, ganz in Übereinstimmung mit den früheren Zeugnissen, in dem sinnfälligen Zeichen der Heiligen Ölung nicht eigentlich das Leiden Christi ausgedrückt, sondern die „Durch die Salbung werden wir mit dem in eine Gestalt gebildet, denn sie wird dem Abscheidenden gegeben im Zeichen einer Bestreichung (gleichbedeutend mit Salbung) mit der künftigen, wenn alles Sterbliche von dem Auserwählten abgestreift wird", sagt der heilige Albertus Magnus. Ähnlich lauten sehr viele Stimmen der großen Kirchenlehrer (nachzulesen bei Kern„ 1907). In einem der allerältesten Zeugnisse über die Heilige Ölung (des Serapion) sind beide Gedanken miteinander verbunden; nachdem dort ziemlich ausführlich die Kraft Gottes wider mancherlei böse Krankheiten auf das Öl herabgerufen wurde, schließt das Gebet: „damit verherrlicht werde der Name dessen, der für uns gekreuzigt wurde und auferstand, der unsere Krankheit und Schwäche auf sich nahm: Jesus Christus, der auch kommen wird, zu richten die Lebendigen und die Toten."

Hierbei müssen wir uns vor Augen führen, dass es in Christus kein Nacheinander mehr gibt, dass, so, wie er in seinen Gliedern noch seine Passion fortsetzt, er auch im Himmel lebt und herrscht in Herrlichkeit, und dass weiter, je mehr ein Glied in die Passion eingeht, desto näher es auch der Herrlichkeit ist. Dieser Zusammenhang zwischen Passion und Herrlichkeit, Leiden und Glorie ist das Gesetz Christi und seiner Glieder.

„Musste nicht Christus dies leiden und so in seine Herrlichkeit eingehen?" (Lk 24,26) „Wir müssen mit ihm leiden, um auch mit ihm verherrlicht zu werden." (Röm 8,17) Und wie der hl. Lukas und der hl. Paulus bezeugt auch der hl. Johannes diesen Zusammenhang: Nach dem Weggang des Verräters: „Jetzt der Menschensohn verherrlicht" – weil jener jetzt unmittelbar die Passion beginnen lässt; und doch wieder im nächsten Vers: „Wenn Gott in ihm verherrlicht ist, so wird Gott auch ihn verherrlichen in sich." (Joh 13,31f)

Wie ist das zu verstehen: „Jetzt er verherrlicht", und darauf „Gott wird ihn verherrlichen"? Für den Gläubigen, der ganz aus dem Glauben, ganz aus Christus lebt, ist es so wie für Jesus selbst: Nicht bloß trotz des Leidens, sondern gerade im Leiden hat er schon die Herrlichkeit. Und derselbe Johannes, der den Herrn schon vor seinem Sterben (mit dem Auge des Glaubens) in der Herrlichkeit sieht, sieht ihn auch später in der Herrlichkeit mit den Zeichen des Leidens! „Ich sah mitten vor dem Thron und den vier Wesen und mitten vor den Ältesten ein Lamm stehen:"! (Offb 5,6) Das ist eines der Kennzeichen des gottmenschlichen Geheimnisses, an dem von Christus her auch der Gläubige teilhat: die seltsame Gleichzeitigkeit und Gegenwärtigkeit der in dieser Welt auseinanderliegenden Zustände.

Salbung – Heiliger Geist – Herrlichkeit

Mit Christus, dem Sieger und Vollender, der gerade durch sein Leiden den Triumph erstritt, wird das Glied Christi vereinigt. Diese Verbindung wird nun aber hergestellt und die besondere Gnade des Sakramentes angedeutet: durch die ! Salbung ist aber immer das Zeichen des Heiligen Geistes und der Herrlichkeit. Was aber hat nun der Heilige Geist für eine besondere Beziehung zu diesem Sakrament?

Das Sterben Christi hat den Charakter eines Opfers, nicht durch den äußeren Vorgang, sondern durch die innere bewirkende Kraft, die Gesinnung, die das äußere Tun und Erleiden beseelt und bestimmt. Darüber sagt der Hebräerbrief: Christus hat sich durch seinen ewigen Geist zum Opfer dargebracht (Hebr 9,14). Der Heilige Geist war also gleichsam das Opferfeuer, in dem „das Fleisch der Sünde" verzehrt wurde, nicht die Leiblichkeit überhaupt, sondern das Fleisch der Sünde, wie der Apostel sagt. Was daraus hervorging aber, ist etwas ganz Geistliches, Verklärtes, Verwandeltes: der Leib der Herrlichkeit. Dem Gliede Christi ist der Heilige Geist zu demselben Zweck gegeben. Auch er ist „dem Fleische nicht mehr schuldig, nach dem Fleische zu leben; wenn ihr nämlich nach dem Fleische lebet, werdet ihr sterben; wenn ihr aber die Triebe des " (Röm 8,12f). Christsein, Christus angehören, im Geiste leben, seine Laster und Lüste ans Kreuz geschlagen haben und immer wieder ans Kreuz schlagen, ist also ein und dasselbe. „Die aber Christus Jesus angehören, haben ihr Fleisch mit seinen Leidenschaften und Gelüsten ans Kreuz geschlagen. Wenn wir im Geiste leben, so wollen wir auch im Geiste wandeln." (Gal 5,24f) „Brüder, bringt euren Leib als ein, heiliges, Gott wohlgefälliges Opfer dar." (Röm 12,1) Wir finden also in der Heiligen Schrift beides hinreichend bezeugt, dass nicht bloß das Sterben des Christen, sondern sogar sein Leben ein fortwährendes Opfer ist, und dass es der Heilige Geist ist, durch den er ein Opfer zu sein vermag. Nun wundert es uns nicht mehr, dass die Vollendung des Opfers auch in einer besonderen Weise dem Heiligen Geist zukommt.

Hören wir darüber z. B. den heiligen Bonaventura. Von einem Wort zum anderen wird uns die Heilige Ölung größer und herrlicher erscheinen! „Es gibt Sakramente", sagt er, „die haben ihr Vorbild und Gleichnis schon im Alten Bund, z. B. Taufe und Opfer. Es gibt aber Sakramente, die ausschließlich dem Neuen Bund eigen sind: Firmung und Ölung; hier wird die Gnade des Heiligen Geistes angezeigt, gemäß der einer zum Kämpfer bestimmt wird (Firmung), auf dass er für Christus zu sterben wagt, und zum König (Ölung), damit er in das himmlische Königreich eingehen kann als das ihm zukommende Reich." Wie ganz anders stellt sich hier dieses Sakrament dar im Gegensatz zu der Auffassung vieler Christen, bei denen schon das Wort „Letzte Ölung" ein beengendes Gefühl hervorruft! Sie ist vielmehr ein sehr feierliches Sakrament! Sie ist eine Art Weihe! Wie schade eigentlich, dass wir in der deutschen Sprache für dieses Sakrament einen anderen Ausdruck haben als für die anderen „Salbungen". Bei Salbung denken wir an Könige und Priester – und mit Recht! Die Hände des Priesters werden gesalbt, Schulter und Hüften wurden gesalbt, die Stirn des Soldaten Christi wird gesalbt, der Scheitel des Täuflings wird gesalbt. Wir sollten auch bei der letzten, krönenden Salbung nicht anders denken und empfinden.

Wenn die Kirche in ihrer feierlichsten Lehrentscheidung, die sie über dieses Sakrament gefällt hat, es „die des ganzen christlichen Lebens" nennt, so tut sie es nicht nur im Sinne unseres Ausdruckes der „" Ölung, sondern im Sinne der ganzen Überlieferung, die darüber einhellig und anders empfindet als wir in unserer Zeit. Heute noch betet der Bischof bei der Weihe des heiligen Öles am Gründonnerstag: „Durch deine heilige Segnung möge jedem, der mit diesem Öle himmlischer Heilung gesalbt wird, Schutz des Geistes und des Leibes zuteil werden. ... Du hast ja damit gesalbt die Priester, Könige, Propheten und Martyrer"! Und Scheeben sagt (, S. 494), man dürfe die Heilige Ölung nicht bloß als Ergänzung der Buße verstehen, sondern auch als Vollendung der Firmung, und die letztere Seite sei als die vorherrschende zu betrachten!

Sakrament der Vollendung

Zwei Worte kehren bei den großen Theologen, besonders beim heiligen Thomas bei der Behandlung der Heiligen Ölung immer wieder, die miteinander die Vollkommenheit ihrer Gnadenwirkung ins hellste Licht rücken: Die Gnaden„fülle" und das „vollendete Heil", „„ was die Seele beim Weggang aus dem Leib am Empfang der Herrlichkeit hindern könnte. ... Es gibt ja tägliche Sünden, von denen der Mensch bei seinem Heimgang durch dieses Sakrament gereinigt werden muss, damit ... Daraus wird offenkundig, dass dieses Sakrament das letzte ist und gewissermaßen die Vollendung (, der Ausdruck des !) der ganzen geistlichen Heilung, und dadurch wird der Mensch gleichsam zur Teilhabe an der Herrlichkeit bereitet" (IV, c.73).

Es taucht immer wieder auf: Die Heilige Ölung ist die letzte und unmittelbare Vorbereitung auf die Herrlichkeit – auch des Leibes. Duns Scotus lehrt: „Da der Mensch nicht im Zustand der Herrlichkeit sein und nicht in die Seligkeit eingehen kann, wenn er noch lässliche Sünden hat, so war es angemessen, dass Gott, der den Menschen nie ohne ein entsprechendes Mittel zum Heil ließ, ein Sakrament anordnete, das wirksam und unmittelbar und gänzlich im Empfänger die restliche Nachlassung aller lässlichen Sünden bezeichnet, wodurch er in das unzerstörbare Heil des ewigen Lebens eingeführt werden konnte."

In einem Bußbuch, das wahrscheinlich aus dem 8. Jahrhundert stammt, heißt es: „Diese Salbung muss sich jeder Gläubige, sofern er kann, zu erlangen suchen; denn es ist geschrieben (!), dass derjenige, der diese Disziplin hat, dessen Seele sei nach ihrem Heimgang so rein wie die eines Kindes, welches gleich nach der Taufe stirbt."

Die Sprache ist zwar unbeholfen, aber das Zeugnis, das noch weiter zurück auf eine uns unbekannte Schrift hinweist, wird in seinem Wert dadurch nicht im Mindesten beeinträchtigt.

Hören wir dazu noch einen Theologen der Ostkirche, den Bischof Stephan: „Unser Leib hat wegen der innigen Verbindung mit der Seele Anteil sowohl an der Heiligung der Seele durch die göttliche Gnade als an ihrer Befleckung durch die Sünde. ... Deswegen wird im Mysterium der Taufe und Firmung nicht bloß die Seele, sondern auch der Leib mit dem unauslöschlichen Siegel des Heiligen Geistes gezeichnet. ... Was nun die nach der Taufe begangenen Sünden betrifft, so wird durch die Buße die Seele gereinigt, aber noch nicht der Leib. Diesem Zweck dient das Mysterium des heiligen Öles. Wer mit Glauben sich ihm zuwendet, wird rein und unschuldig an seinem Leibe ..., so wie er aus dem Taufwasser und der Besiegelung mit dem Heiligen Geiste in der Firmung hervorgegangen war, gänzlich rein von jeglicher Sünde, Flecken und Unreinheit, heil von den Wunden und Schwächen der Sünden. ... Diese unsichtbare Heilung ist sichtbar vor Gott, seinen Engeln und Heiligen."

Letzte Ölung und Taufreinheit

Es ist nach dieser Fülle von Zeugnissen also keine gewagte Anschauung, wenn man sagt, das Sakrament der Heiligen Ölung habe eine so vollkommene Wirkung, dass man es mit der heiligen Taufe vergleichen kann und geradezu sagen darf: Es stellt den Menschen in seiner Taufschönheit und Taufunschuld wieder her. Versuchen wir, das noch besser zu verstehen.

Es kann sich dem Menschen die Frage stellen: Sind tatsächlich die Kinder am glücklichsten, die bald nach der Taufe sterben? Die Taufherrlichkeit haben sie erlangt aus Gottes Barmherzigkeit, ihren Glanz vermochten sie nicht zu trüben aus eigener Schuld. Sie sind reine und strahlende Denkmäler göttlicher Auserwählung. – Soll aber der Christ, der nach Gottes Ratschluss seine Lebenszeit verbracht, die Last und Hitze des Tages getragen hat, dabei die unvermeidlichen Scharten und Narben davongetragen hat, soll er dafür nur zunehmende Verminderung der Herrlichkeit zu erwarten haben? Denn die Kirche sagt ja selbst, dass ohne ein außerordentliches Privileg niemand in seinem ganzen Leben ohne jede lässliche Sünde bleiben kann! Und alle Verdienste, die ein treues Leben erwerben könnte, ein Leben voll Mühsal und Opfer, vermöchten schließlich doch nicht die Trübung der Taufherrlichkeit aufzuwiegen?

Das ist doch unerträglich! Es gibt die Herrlichkeit der ersten Unschuld, es gibt aber auch die Herrlichkeit des Kämpfers! Sie ist anderer Art, wie auch im menschlichen Leben die Schönheit eines reifen Mannes- oder Frauenantlitzes anderer Art ist als die Unschuld einer Kinderstirn und eines Kinderauges. Hat er Wunden empfangen, so hat er sie in einem „guten Kampf" erhalten, hat sie für Christus erhalten; denn wenn es auf ihn angekommen wäre, hätte er das Sterben einem Leben mit der steten Gefahr der Sünde vorgezogen! Aber er hat ausgehalten, weil Gott es so von ihm wollte. Und darum werden seine Wunden überstrahlt von der Herrlichkeit Christi, des Kämpfers, mit dem er den Kelch getrunken hat, bis alles vollbracht war. Das Sakrament ist das Siegel dieser Gnade. Darum kann es nur empfangen, wer in das Alter der Unterscheidung gelangt ist, also sündigen konnte – obwohl seine Gnade nicht bloß darin besteht, die Sünden nachzulassen!

So wird im Himmel jeder seine besondere Schönheit haben, diejenigen, die ohne Schuld, aber auch ohne Verdienst in der Herrlichkeit leuchten, und diejenigen, die „gesetzmäßig" gekämpft haben, wenn sie auch nicht ohne Wunden geblieben sind. Die einen werden Gott preisen um seiner Treue willen, die anderen um seiner Erbarmung willen, sagt der Apostel. Keinem von beiden wird es einfallen, den Grund ihrer Herrlichkeit bei sich selbst zu suchen, beide werden erkennen und beten, dass der Grund ihrer Berufung nur der Reichtum seiner Gnade ist, die mannigfach in ihrer Art ist, ohne die Gerechtigkeit zu verletzen, die menschliche Begriffe nach allen Seiten übertrifft, ohne mit sich selbst in Widerspruch zu geraten.

Letzte Ölung und Fegefeuer

Was bleibt da noch für das Fegefeuer übrig? Man muss wohl zunächst mit der Gegenfrage antworten: Ist es denn erwiesen, dass es ohne Fegefeuer nicht gehen kann? Entspricht es nicht der göttlichen Heilsordnung, der Ehre des Erlösers, dem Reichtum der Kirche vielmehr, dass die Heilsmöglichkeiten in diesem Leben nicht bloß ausreichend, sondern überfließend sind? Praktisch kommt ja bei einem sterbenden Glied der Kirche zu den heiligen Sakramenten der apostolische Segen, mit dem der Sterbeablass verbunden ist, noch hinzu! Und trotzdem: So wenig Vertrauen auf die Kraft dieser Heilsmittel? Woher kommt das?

Wir denken zu gering von den Sakramenten, das ist sicher ein Grund. Wir denken aber auch nicht christlich, d. h. nicht gläubig genug, vom Sterben. Das ist der noch tieferliegende Grund. Deshalb findet der Gläubige keine Brücke von seinem Zustand aus, den er in seiner ganzen menschlichen Unzulänglichkeit ja nie so tief empfindet wie unter dem nahenden Ernst des Todes, zu diesen erhabenen Wirkungen der Sakramente hin, die er theoretisch zu glauben bereit wäre.

Dieser Kleingläubigkeit liegt ein überaus berechtigtes Empfinden zugrunde: Diese völlige Taufreinheit kann nicht ein reines Geschenk sein – wie bei der Taufe. Den nach der Taufe begangenen Sünden haftet ein anderer Charakter an. Der Getaufte kann und muss Sühne leisten. Er kann es, weil er aufgepflanzt ist auf den wahren Weinstock, der wahrhaft würdige Früchte der Buße zu bringen vermag. Er muss es, weil er durch seine Schuld nicht jene Früchte gebracht hat, für die er ausgestattet war: „Sein Volk sind wir, in Christus Jesus geschaffen zu guten Werken."

Das ist vollkommen richtig! Auch Gott will die Sühne von dem Getauften! Aber er will sie in diesem Leben! Denn sie ist hier für Gott ehrenvoller und für den Christen heilbringender. Wir dürfen daher zuversichtlich von der Auffassung ausgehen: Er gibt ihm den Tod, den er braucht, um alles hier zu sühnen. Er verbindet den Tod mit allen Umständen, die geeignet sind, alles gut zu machen. Wenn Rilke dieses Gebet christlich verstanden hätte, das er so ausgesprochen hat: „Herr, gib jedem seinen eigenen Tod", was wäre es für ein weises und wundervolles Gebet gewesen! In was für eine Existenztiefe hätte dieses Gebet hinein gereicht! Das „Gebet um einen guten Tod" ist dem Christen geläufig. Möchte er aber nicht das allein schon für die wahre christliche Todesgnade halten, dass er im Stande der Gnade sich befinde, sondern möchte darin wirklich die Bitte enthalten sein um jenen Tod, den Gott in seiner Barmherzigkeit uns zugedacht hat, dass wir ihn recht und rechtzeitig erkennen und recht und voll gebrauchen! Herr, gib jedem seinen eigenen Tod!

Wir wollen die Sünde nicht leicht nehmen, wir wollen sogar die fast unmerklichen Unvollkommenheiten nicht leicht nehmen, von denen der wache Christ schon im Leben reichlich viel an sich erkennt und unter dem aufgehenden Licht der Ewigkeit gar erschreckend hell wahrnimmt. Nehmen wir aber auch das Sterben und die zum Sterben führende Krankheit, wie sie ist! Wenn der gebildete Mensch durch größere Hoffart des Lebens z. B. gefehlt hat – wie viel empfindlicher treffen ihn nun auch die zahllosen Demütigungen, die ihn so klein und so menschlich zeigen! Was muss er sich nun für Dienste gefallen lassen! Und wie lernt er, den Menschen dankbar zu sein! Wie viel kann er hier sühnen – wenn er das alles gläubig versteht! Und wenn er es christlich, d. h. in Christus, versteht! Wenn er also das, was Gott ihm zugedacht hat, willig und geduldig annimmt und wenn er weiter, wohlwissend, dass trotz allem sein Verdienst weder groß ist noch ausreichend, einzig und allein auf die Verdienste Christi seines Erlösers vertraut und in diesem Vertrauen und Verlangen die Sakramente empfängt, dann sind alle Vorbedingungen erfüllt, dass das Sakrament der Heiligen Ölung seine ganze herrliche Wirkung an ihm entfaltet.

Wiederherstellung der Gesundheit

In eine ganz andere Richtung scheint nun die Wirkung der Heiligen Ölung zu führen, die in den Gebeten der Spendung so stark zum Ausdruck kommt und die durch vielfältige Erfahrung bezeugt ist: die Besserung des körperlichen Zustandes und gar die Heilung der Krankheit!

In den drei Gebeten, die das Sakrament nach der Salbung zum Abschluss bringen, ist davon auffällig viel die Rede. Das erste lautet: „Herr und Gott, du hast durch den Apostel Jakobus gesprochen: Ist jemand krank unter euch, so rufe er die Priester der Kirche, dass sie über ihn beten und ihn mit Öl salben im Namen des Herrn; das Gebet des Glaubens wird dem Kranken zum Heil sein, der Herr wird ihn aufrichten, und wenn er Sünden auf sich hat, so werden sie ihm vergeben werden: Heile also, du unser Erlöser, durch die Gnade des Heiligen Geistes das Leiden dieses Kranken. Heile seine Wunden, lass ihm die Sünden nach und vertreibe von ihm alle Schmerzen der Seele und des Leibes und gib ihm gnädig wieder die volle Gesundheit innerlich und äußerlich, damit er, durch deine Barmherzigkeit wiederhergestellt, zu seinem früheren Dienst wieder fähig werde, der du mit dem Vater und demselben Heiligen Geist lebst ....“ Nachdrücklicher kann das Heil, das in den Apostelworten sicher in erster Linie im Sinne des ewigen Heiles verstanden wird, nicht auch auf die leibliche Heilung ausgedehnt werden! Und dieselbe Bitte kehrt ähnlich noch in den beiden folgenden Gebeten wieder.

Wenn das den Gläubigen genügend bekannt wäre, würden sicher nicht so viele deswegen den Empfang des Sakramentes hinauszögern, weil sie es sich nur im Zusammenhang mit dem Sterben denken können, von dem sie hoffen, noch fern zu sein. In Wirklichkeit berauben sie sich gerade dadurch dieser göttlichen Heilung. Denn es ist eine durch große Autorität gestützte Lehre, dass diese Wirkung des Sakramentes immer eintritt, wenn erstens das Sakrament rechtzeitig empfangen wird und wenn es zweitens dem Seelenheil dienlich ist.

Nun erhebt sich von neuem die Frage: Was hat diese Wirkung zu tun mit jener Eingliederung in Christus zur Vollendung im Sterben, die wir bisher betrachtet haben?

Hier müssen wir zunächst daran erinnern, dass uns die Urkunde der göttlichen Offenbarung, das Neue Testament, bezeugt, der

Herr habe das Reich, das er bringen wollte, nicht bloß angekündigt im Wort, sondern angezeigt durch Machttaten und Wunder. Und er habe seine Kirche mit derselben Macht ausgestattet. Und seine Kirche habe von dieser Macht auch Gebrauch gemacht, weil diese Seite der Erlösung, wenn auch nicht ein Teil des Gottesreiches, so doch eine notwendige Veranschaulichung desselben ist. So wie der Herr damals zu dem Kranken sagte: „Deine Sünden sind dir vergeben – damit ihr aber wisst, dass der Menschensohn Macht hat, Sünden zu vergeben, sage ich dir, steh auf", so sandte er auch die Apostel aus und gab ihnen mit der Botschaft des Reiches die Macht, Kranke zu heilen. Der hl. Markus berichtet zweimal darüber, bei der sogenannten ersten Aussendung: „Sie salbten viele Kranke mit Öl und heilten sie" (Mk 6,13) und bei der endgültigen Sendung nach der Himmelfahrt (Mk 16,18). Der hl. Paulus aber spricht gegenüber den Korinthern von dieser Gnadengabe so, als halte er sie für etwas ganz Normales wie die anderen Gaben auch, von denen uns freilich manche sehr außergewöhnlich vorkommen – wie Prophetengabe und Zungenreden. Jene Gnadenkräfte sind aber in der Kirche nicht verloren gegangen! In der Kirche geht nichts verloren! Es kann nur aus dem Blickfeld gerückt werden. Es kann sich auch die Art des Vorkommens ändern. Vieles, was damals ein in die Augen springendes Wunder war, ist heute eingegangen in das große Wunder der Kirche, die „das immerwährende prophetische Zeichen ist unter den Völkern", prophetisch aber auch darin, dass man es übersehen kann, prophetisch auch darin, dass man unter dem Schleier des Alltäglichen das Göttliche sehen und doch nicht sehen kann.

Das ist ja genau die Tatsache, vor der wir in Bezug auf unser Sakrament stehen: Viele bezeugen, dass nach Empfang des Sakramentes offenkundig Besserung und Genesung eingetreten sei, entweder bei einem selbst oder bei anderen – doch ein Ungläubiger hat immer die Freiheit zu sagen, das wäre in dem Fall eben auch sonst eingetreten!

Damit haben wir aber den Schlüssel gewonnen zur Beantwortung der Frage, die wir uns gestellt haben: Wie diese Wiederherstellung der leiblichen Gesundheit sich verhalte zu der eigentlichen Wirkung der Verherrlichung durch das Sterben. So wie der Heiland zum Beweis der Herrlichkeit des Gottesreiches Kranke heilte, so hat er der Kirche mit diesem Sakrament die Kraft gegeben, zum Beweis der heilenden Macht der Gnade auch den Leib zu heilen. Zum Beweis der Gnade: Das drückt die Kirche in der geläufigen Formel aus: „Wenn es zum Seelenheil dienlich ist...". Dass diese Gnadenwirkung nicht ohne Einschränkung wie die übrigen erwartet werden kann, geht ja schon daraus hervor, dass das Gesetz des Todes für alle bestehen bleibt, nicht weil die Erlösung nicht ausgereicht hätte, auch dieses zu zerbrechen, sondern weil es ein größerer „Abgrund der Weisheit Gottes" ist, unter dem Schleier der Schwachheit alles zu einer noch viel größeren Herrlichkeit zu verwandeln. Auch die Toten, die der Herr erweckte zum Beweis seiner Macht über den Tod, mussten wieder sterben. So muss ebenso jeder, der das Sakrament empfängt, einmal sterben. Aber weil es Gott gefällt, den Reichtum seiner Barmherzigkeit zu zeigen, darum kann er eine Krankheit schicken „zur Verherrlichung Gottes", wie Jesus über die Krankheit des Lazarus sagte (Joh 11,14). Und wie sollte das Sakrament, das doch Seele und Leib für die vollendete Verklärung bereitet, nicht die Lichtspur dieser alles heilenden und alles verklärenden Macht bisweilen aufleuchten lassen! – Wenn du die Gabe Gottes kenntest! – Wenn ihr Glauben hättet!

Aus Bossuets Betrachtungen über das Sterben Jesu Christi[2]

Wenn es schon eine Gnade des Sterbens unseres Erlösers ist, die Angriffe Satans in einer Situation zunichte zu machen, in der die verdunkelte, geschwächte und abgelenkte Vernunft sich nur schwer wehren könnte, oder sagen wir gleich: sich nicht wehren würde, so ist es eine noch viel größere Gnade, diese Seele durch ein Recht auf Vereinigung, Gemeinschaft und Austausch zwischen dem Haupt und den lebendigen Gliedern mit den göttlichen Kräften der Seele Jesu Christi und mit den heroischen Tugenden,

---

2 Bossuet, Jacques-Bénigne (1627-1704), berühmter französischer Prediger, Theologe und Bischof.

die er in dieser Lage übte, zu verbinden. Der Erlöser hat sich nicht nur mit den Sünden beladen, sondern auch mit allen Anliegen, Verpflichtungen und Aufgaben seiner Kinder und seiner mystischen Glieder: Ihr Sterben war z. B. auch am Kreuz den Augen seines Herzens eigens gegenwärtig, er sah die Art der Krankheit vorher, an der sie würden sterben müssen; und da er wohl wusste, wie sehr die Schmerzen und die übrigen Erscheinungen einer heftigen oder plötzlichen Krankheit mit den Sinnen auch die vornehmsten Seelenkräfte behindern, können wir uns denken, wie seine weite und alles umfassende Liebe das Sterben der Menschen als unzertrennlich von seinem eigenen betrachtete. Alles, was er damals tat, tat er im Sinne ihrer Verpflichtungen und in Ergänzung dessen, was sie dann nicht würden tun können: Er heiligte in sich die natürliche Pein, die die Seele empfindet, wenn sie von den dunklen und schrecklichen Vorstellungen der unvermeidlichen Trennung gequält wird; er heiligte sie im Geiste der Unterwerfung und der Buße, des Opfers und der Ehre an den allgerechten und allmächtigen Vater, er opferte dieses Sterben seiner Kinder und alles, was damit zusammenhängt, auf durch einen Liebesakt, den er ihnen schon damals mitteilte für die Zeit, da sie daran wirklich Anteil würden haben können; und schon damals vollzog er diese Hinführung in die Augen und in das Herz seines Vaters in Ergänzung eben ihrer Unfähigkeit. … Wenn sie es also nicht in sich haben können, so haben sie es in Jesus Christus. Und „in ihm haben" heißt auch „in sich haben" durch das Recht der Gemeinschaft, die die Gnade ihrer Vereinigung mit ihm begründet.

Drei Lehren sind aus dieser Tatsache zu ziehen, die eine in der Schrift begründete Glaubenswahrheit ist:

1. Da die Seelen im selben Ausmaß, wie die Gnade sie mit Jesus vereinigt und teilnehmen lässt an dessen Gesinnungen und dessen Geist, dereinst getragen werden sollen von dem göttlichen Beistand (der doch in der Schwachheit, in die die Krankheit versetzt, eine große Hilfe sein muss), so ist es von unendlicher Wichtigkeit, schon im danach zu streben, sich mit diesem Geiste zu erfüllen, indem man als Maßstab für sein eigenes Verhalten die Gesinnungen, Grundsätze und Beispiele des Erlösers ansetzt.

Gewiss lässt der geringste Grad heiligmachender Gnade, der die Seele mit Christus verbindet, sie an allem teilnehmen, was dieser für sie in einer derartigen Situation getan hat; und das ist immerhin ein sehr großer Trost für so viele Menschen, die in ihrer Einfalt nichts wissen von der Größe Gottes und des Christentums, und die man darüber auch nicht belehren kann, weil sie aufgrund ihrer unzulänglichen Bildung dazu nicht in der Lage sind. Wenn diese Menschen das Gesetz Gottes nach dem Maß ihres Verstehens beobachten, werden sie in Christus diese Ergänzung finden, und zwar aufgrund ihres guten Glaubens, ihrer Einfalt und Unschuld. Das heiligt ihren Tod, auch wenn die Priester, die in Bezug auf diese Gesinnungen etwa zu wenig Bescheid wüssten, sie ihnen nicht beibringen. Die Kraft Christi ist nicht begrenzt, weder auf die Sakramente noch auf deren Diener noch auf das Wissen derer, die sie empfangen – Christus erweist uns Gutes, ohne es uns zu sagen; das Wort des Vaters, das da ist Christus, werden wir zu unserer Seligkeit die ganze Ewigkeit hindurch vernehmen.

Dennoch werden die großen Auszeichnungen der Liebe in viel reicherem und überfließenderem Maße jenen Seelen mitgeteilt, denen eine innigere Vereinigung des Geistes und des Gemütes mehr Anrecht darauf verleiht. In dem Maß, als dieses Band, das zugleich ein Kanal ist, stark und groß wird, werden aus dem Herzen Christi in die gläubige Seele Tropfen, Bäche, ja, ganze Ströme der Gnade und Barmherzigkeit fließen.

2. Die zweite Lehre: Statt in unangebrachtem Eifer die Menschen im Todeskampf mit tausend verschiedenen Akten zu behelligen, lasse man sie von Zeit zu Zeit schauen, was Christus ihnen ist und was sie ihm sind; man flöße ihnen durch diesen Anblick ein absolutes Vertrauen zu ihm und zu dem ein, was er für sie getan hat; man lasse sie schauen, wie er mit ihnen ringt und wie er ihre Anliegen und Verpflichtungen auf sich nimmt; erwecke das Verlangen in ihnen nach Einssein und Gemeinschaft mit ihm in allem Verhalten beim Leben und Sterben; wenn man sie Akte der Reue, der Unterwerfung, des Vertrauens und der Liebe setzen lässt, trenne man sie bei diesen Akten doch niemals von Christus. …

3. Die dritte Lehre hinsichtlich des Sterbens Christi: Man muss alle Regungen des göttlichen Herzens in diesem Zustande anbeten, sich ihnen weihen, ihre Macht und Kraft anflehen, sich im voraus mit ganzer Seele für diese Augenblicke ihnen angleichen; und da diese Akte des heiligsten Herzens Jesu fast alle im 21. und 30. Psalm prophetisch ausgedrückt sind, und zwar mit den gleichen Worten, die Christus am Kreuze sprach, sollte man sich diese Akte zu eigen machen und wenigstens die Hauptverse im Herzen und mit dem Munde beten.

Schließlich muss die Andacht zum Leiden und Sterben Christi die Seele ganz besonders auch mit dem großen und gewichtigen Wort in Berührung bringen, das Christus jetzt aussprach: Dieses Wort ist gleichsam das Siegel des Neuen Testaments und des Neuen Bundes. Auch wenn man nicht in die ganze Fülle des Sinnes eindringt, in dem man es verstehen kann, ist diese Übung unserem Heil sehr dienlich.

Im ganzen Weltall gibt es nichts Größeres als Jesus Christus, in Christus gibt es nichts Größeres als sein Opfer, und in seinem Opfer gibt es nichts Größeres als seinen letzten Seufzer und den kostbaren Augenblick, der seine allerheiligste Seele von seinem anbetungswürdigen Leib trennte. In diesem der Hölle verderblichen und der Kirche unermesslich seligen Augenblick war das ganze alte Gesetz zu Ende und alle Verheißungen des Bundes bestätigt, wie es nur geschehen konnte durch das vollbrachte Opfer des Mittlers; alle alten Tieropfer verloren ihren Wert; alle Kinder der Verheißung erhielten ihren Platz beim Erlöser, sie wurden Opfergaben, und ihr Tod, der bis dahin nur eine Strafe für die Sünde hatte sein können, erhielt im Tode Christi den Charakter des Opfers.

Er ruft uns zu: Alles ist vollbracht! Mein Herz habe ich weit aufgeschlossen, auf dass meine Liebe den Kraftstrom meines Opfers ohne Grenzen in das All ergieße. Alles ist vollbracht; fortan soll der Tod meiner menschlichen Glieder, der mit dem meinen verbunden ist, nur meine Verheißungen erfüllen und meine Absichten mit ihnen verwirklichen. Alles ist vollbracht: Die Vollendung ihres Lebens soll in ihrem letzten Augenblick durch meinen Tod die

Kraft erhalten, ein vollkommenes Opfer zu werden, das allen Vollkommenheiten der Gottheit die Ehre erweist.

So hat es der Apostel verstanden, wenn er den Hebräern schreibt, dass der Erlöser „durch ein einziges Opfer für immer die vollendet hat, die geheiligt werden" (Hebr 10,14).

Das ist das Ziel der sakramentalen Gnade und der Religion überhaupt. Daraufhin zielt alles Sterben. Und hierzu ist das große Opfer die Vorbereitung, sozusagen die feierliche Einführung. Hierbei ist Jesus Christus der höchste Priester – das überschreitet freilich jede natürliche Betrachtungsweise – und eine der größten Wirkungen seines Opferdienstes liegt darin: bis zum Ende der Zeiten sein Opfer zu erneuern und immerwährend zu machen, nicht bloß im Geheimnis der heiligen Eucharistie, sondern auch im Sterben aller wahren Gläubigen.

5. Die Begegnung mit der himmlischen Gemeinschaft

Unsere Betrachtung des christlichen Sterbens hat schon an manchen Punkten gezeigt, wie sehr die beiden Welten auseinanderklaffen, in denen der Christ lebt; wie erhaben alles ist, was der Christ erlebt, und wie sehr diese Erhabenheit verhüllt ist, wie verschieden demnach auch der Sinn des Todes ist, je nachdem, ob er von dieser oder von jener Welt aus beurteilt wird. Was hier Untergang ist, ist dort Auferstehung; was hier Ohnmacht ist, ist dort Macht; was hier Demütigung ist, ist dort Verherrlichung; was hier Tod ist, ist dort Leben. Was äußerlich bei jeder Kreatur gleich erscheint, ist innerlich völlig verschieden.

Und doch fehlt noch eine besondere Herrlichkeit des christlichen Sterbens! das ganze himmlische Jerusalem, der ganze Himmel!

Neben unserer einzigartigen Vereinigung mit Jesus fällt uns nichts schwerer zu verstehen und wäre uns zugleich nichts nötiger als die Verwirklichung dieser Tatsache unseres heiligen Glaubens. Denn nichts wäre geeigneter, einem Christen das ihm geziemende Bewusstsein zu geben, als dass er sich als Glied dieser erhabenen Gemeinschaft fühlt. Nichts könnte ihn mehr zum wahren Zeugen der Herrlichkeit Christi machen als das stete Leben in der Anschauung dieser Himmelsstadt, deren Vollbürger er durch Taufe und Firmung geworden ist; nichts könnte ihn mehr die wahre Würde, die Macht seines Geschlechtes, die Größe seines Reiches vor Augen führen als das lebendige Eingetauchtsein in die recht verstandene und gelebte Gemeinschaft der Kirche.

Auch wenn ein Gläubiger schon wirklich aus dem Glauben an seine Vereinigung mit Christus lebt, fällt es ihm meist noch schwer, im irdischen begrenzten Leben seinen Sinn zu dieser himmlischen Sicht zu erheben – und doch ist es nur die andere Seite unserer Vereinigung mit Christus, wenn wir die Verbindung mit der ganzen himmlischen und irdischen Kirche ins Auge fassen! Wie bei jedem Messopfer nicht bloß jener verschwindend kleine Teil der Kirche gegenwärtig ist, den wir zahlenmäßig feststellen können, sondern die ganze Kirche, die ganze Kirche auf Erden und die ganze Kirche im Himmel und die ganze Kirche im Reinigungsort, und nicht bloß als Zuschauer, auch nicht bloß als Empfänger, sondern auch als Opfergabe mit ihrem Haupt Christus Priester und Opfer zugleich, mit ihrem Haupte ein einziger Priester und ein einziges Opfer – so ähnlich und aus dem gleichen Grund ist beim Sterben eines Gliedes, das nun in die Opfervollendung mit Christus eingeht, die ganze Kirche mitbeteiligt. Die Kirche auf Erden hat freilich mehr Anteil bei der Darbringung dieses Gliedes, der himmlischen Kirche fällt das Einholen und die Annahme von Seiten Gottes zu.

Wenn man die liturgischen Sterbegebete, in denen sich ja etwas vom Selbstbewussten der Kirche mitteilt, auf sich wirken lässt, weiß man nicht gleich, ob man eher die Feierlichkeit bewundern soll, die die Kirche aufbietet, wenn sie ihr Glied aus dieser Zeitlichkeit hinüberreicht in die himmlische Welt, oder die Unbefangenheit, mit der sie Engel und Erzengel, Patriarchen und Propheten, Martyrer und Jungfrauen zu ihrem Geleit bestellt!

Betrachten wir zunächst die irdische Kirche, die ihr Glied darbringt. Sie wünscht z. B., dass der Priester nicht nur gerufen werde, um dem Schwerkranken die heiligen Sakramente zu spenden, sondern auch insbesondere dann, wenn der Tod herannaht; die Kirche will durch ihren Priester, in dem der priesterliche Charakter aller Getauften und damit der Kirche als Ganzem sichtbar zum Ausdruck kommt, diese Opfergabe bis an die Schwelle der anderen Welt gebracht wissen; sicher und ungefährdet soll sie aus der einen Hand in die andere gegeben werden, aus der Hand des Priesters in die Hand des Engels. Die Kirche rechnet weiter nicht bloß damit, sondern wünscht, dass dem hinscheidenden Christen viele beistehen, dass z. B. womöglich auch die heilige Wegzehrung unter größerer Anteilnahme gebracht und gespendet werde – ja, einst war es dem Apostelwort zufolge sogar Sitte, dass zur Heiligen Ölung nicht bloß Priester gerufen wurde, sondern „die Priester der Kirche", ein Brauch, den die Kirche später nur wegen

Missbräuchen abschaffen musste: Es soll doch wahrhaftig, wenn die himmlische Kirche sich anschickt, dieses Glied mit allen Ehren – und fast könnte man sagen: mit allen Chören – aufzunehmen, dieses Glied von der irdischen Kirche, die seine Mutter war und immer noch ist, nicht nur so beiläufig und unter der Hand abgegeben werden. Sagen wir es nur: Wie es oft der Fall ist! Wie häufig kann man es erleben, dass zur Heiligen Ölung kaum jemand dableibt außer denen, die vielleicht dabei Dienste zu leisten haben!

Erheben wir dann unsere Augen über das Irdische hinaus und sehen einmal, wie über dem Lager des sterbenden Christen sich der Himmel öffnet und die Engel auf- und niedersteigen, die Engel, in deren Gemeinschaft er auch bisher schon lebte, meist ohne es zu wissen, die sich jetzt aber rüsten auf den entscheidenden Augenblick, da sie seine Seele vor das Angesicht Gottes stellen dürfen, des Vaters, der ihn erschaffen hat nach seinem eigenen Bild, des Sohnes, der ihn erkauft hat in seinem Blut, des Heiligen Geistes, der in seine Seele ausgegossen worden ist; wie ferner die Heiligen auf ihn schauen, „den Bruder, für den Christus gestorben ist" und der jetzt jenen Tod einlöst; wie beide von ihm die Mächte der Finsternis fernhalten, die in einem letzten Ansturm seine Seele den Händen Gottes entreißen wollen, wenn sie ihm den Glauben oder die Hoffnung oder die Liebe verwirren könnten.

„Ich empfehle dich, teuerster Mitbruder, dem allmächtigen Gott und übergebe dich ihm, dessen Geschöpf du bist. ... Möge deiner Seele bei ihrem Scheiden aus dem Leib entgegenkommen der Engel glänzender Chor; möge dir begegnen die erhabene Schar der Apostel, denen obliegt, die Welt zu richten; möge dir entgegenziehen im lichten Gewand der Martyrer siegreiches Heer; möge im Lilienglanz strahlend der Reigen der Bekenner dich umringen, der Jungfrauen Jubelchor dich empfangen. ...." Und später heißt es wieder: „Mögen die Himmel sich ihm öffnen und die Engel sich mit ihm erfreuen. ... Es möge dich empfangen der heilige Erzengel Michael, ... entgegenkommen mögen ihm die heiligen Engel Gottes und ihn geleiten in die himmlische Stadt Jerusalem" (es folgt wieder die feierliche Aufzählung der Apostel und der anderen Chöre der Engel). Gleich nach dem Verscheiden aber lässt die Kirche also beten: „Kommt zu Hilfe, ihr Heiligen Gottes; kommt entgegen, ihr Engel des Herrn, nehmt seine Seele auf und bringt sie vor das Angesicht des Allerhöchsten." Welch ein Glanz müsste das Sterbezimmer erfüllen, wenn unsere sterblichen Augen also zu sehen vermöchten, was der Glaube uns allgegenwärtig erkennen lässt!

Gehört das aber nicht dazu, wenn ein Christ aus dem Glauben leben will? Erlangt der Glaube nicht gerade dort seine entscheidende Kraft, wo er dem innerweltlichen Denken am meisten, am hoffnungslosesten gegenübersteht? Behalten wir ruhig im Bewusstsein, wie ein Sterbezimmer aussieht, wie beklemmend der Eindruck ist, der von dem gezeichneten Antlitz ausgeht, wie unfeierlich die Hilflosigkeit der Umstehenden ist, die dem Ringenden helfen möchten und es nicht vermögen – und doch ist hier eine der Stellen und einer der Orte, wo das himmlische Jerusalem am greifbarsten zu uns hereinbricht, jene „Stadt des lebendigen Gottes", zu der wir „hinzugetreten sind" zum ersten Mal bei der Taufe und jetzt endgültig, „zu den unzähligen Engelscharen, zur festlich versammelten Gemeinde der Erstgeborenen, die im Himmel aufgezeichnet sind, zu Gott, dem Richter aller, zu den Seelen der vollendeten Gerechten, zu Jesus, dem Mittler des Neuen Bundes" (Hebr 12,22).

Welch ein Geist der Freude müsste uns demnach erfüllen! Es scheint uns der überraschendste Gedanke in der Schrift des Erasmus, dessen Titel in der deutschen Übersetzung von 1546 lautet: Das christlich trostreiche Büchlein. „Fürwahr, die beste und vornehmste Freude (zu der letzten Todeszeit) ist, dass man das Leiden Christi betrachtet und recht bedenkt und der ganzen Kirche Gemeinschaft, welche da ist der Leib Christi. ... Es wäre aber nützlicher, wenn man sie beide im Leben mit Fleiß geübt hat, auf dass die Kunst durch oftmalige Übung könne zu einer Gewohnheit werden und die Gewohnheit zu einem Brauch und zuletzt der Brauch zu einer zweiten Natur. ... Das geschieht, wenn wir oft das Brot des Geheimnisses Gottes genießen und empfangen und trinken von dem Kelch göttlicher Geheimnisse, denn das Sakrament erinnert uns erstens und ermahnt uns zweierlei Dinge:

der großen, überschwänglichen Liebe des Hauptes gegen seine Glieder und ... Fromm handeln die, die in ein Kartäuser- oder Barfüßerkloster schicken, wenn sie die Vorboten des Todes ängstigen, und Gott für den Sterbenden bitten lassen, aber ein fast kräftigerer Trost ist es, wenn der Kranke gedenkt, dass die ganze Kirche für ihre Glieder sorgt."

Die Zeit wird wieder reif, dass wir die Herrlichkeiten des Christseins verstehen lernen. Jede dieser Herrlichkeiten hat ihre Vollendung oder ihren Grund, ihre Erkennbarkeit oder die Möglichkeit ihrer Verwirklichung in der Gemeinschaft der Kirche, die nie erst nachträglich noch hinzukommt, sondern immer im Ursprung aller Gnade schon mitgegeben, in jedem Sakrament mitvollzogen ist. Das ist so wahr, so innerlich und so wesensnotwendig, dass selbst, wenn es denkbar wäre, dass die (aktuelle) Kirche für ihre Glieder nicht „sorgte", wenn wir in keinem Menschen der Kirche diese Sorge antreffen würden, sie dennoch da wäre, denn sie ist über alle Erfahrung hinaus „die Fülle Christi": Christus erfüllt sie ganz. Vom einzelnen Getauften gilt freilich: In dem Maße, in dem er Kirche ist, in dem er gläubig erschlossenes und offenes Glied des geheimnisvollen Gnadenleibes ist, in dem Maße hat er alles, was die Kirche hat, und desto mehr gilt ihm alles, was der Kirche gilt.

Der Leib aber „wird auferbaut in Liebe", sie ist sein Lebensprinzip und Wachstumsgesetz. Wie viel also jemand „Kirche" ist, kann daran erkannt werden, wie weit in ihm die Liebe ist. Grunderfordernis für die entscheidende Stunde der Aufnahme in die ewige vollendete Liebesgemeinschaft ist daher, dass der Getaufte allen verzeihe, denen er zu verzeihen hat, und Verzeihung erbitte, wo er diese zu erbitten hat.

Wenn wir heute von der „Kirche" sprechen, laufen wir Gefahr zu übersehen, wo Kirche, besonders als Liebesgemeinschaft, für uns zu verwirklichen ist. Wo die Kirche als Lehrerin tätig ist, erkennen wir viel leichter. Wir sahen aber eben, welch enger Zusammenhang zwischen einem an sich so kleinen Akt des Verzeihens und einer so weitreichenden Gliedschaft besteht. Die Vorrechte der erhabenen Gemeinschaft bleiben mir vorenthalten, wenn ich einem einzigen Glied die Gemeinschaft versage. Der Kirche als

Gemeinschaft der Liebe Christi bin ich geöffnet oder verschlossen durch die mir nahen Glieder. Ist es nicht, als ob die ganze Kirche in jedem Gliede sei? Vor Beginn des eucharistischen Opfers, das ja wesentlich nicht bloß das Opfer Christi des Hauptes ist, sondern das Opfer der ganzen Kirche, d. h. also auch seines Leibes, stellen wir darum als wesentliche Voraussetzung die rechte Gliedschaft nicht bloß mit dem Haupte, sondern auch untereinander, wieder her durch einen öffentlichen Akt des Verzeihens, und zwar nicht bloß bei den Anwesenden, sondern vor der ganzen Kirche, die da „reicht bis zu den Seraphim vor das Antlitz Gottes", denn allen haben wir gesündigt und haben wir gesündigt, gegen den Geist der heiligen Gemeinschaft. In einer ähnlichen Weise muss auch das Glied Christi, das nun das Opfer an sich vollendet, zuvor die wahre Liebesgemeinschaft herstellen. Sie muss alle umfassen, die Fernsten und die Nächsten! Wohl ihm, wenn seine Liebe so gewachsen ist, dass er gelernt hat, seine Liebe auszuweiten „bis zu den Seraphim vor dem Angesicht Gottes"! Dass er wahrhaft sprechen kann: „Ich bekenne vor Gott, dem Allmächtigen, der seligen, allzeit reinen Jungfrau Maria, dem seligen Erzengel Michael, dem seligen Johannes dem Täufer, den seligen Aposteln Petrus und Paulus, Wohl ihm, sagen wir, denn er wird die Kraft dieser Gemeinschaft erfahren, für ihn hört es auf, ein bloßes Gebet zu sein, er vollzieht mit Furcht und Zittern ob seiner Sünde, aber auch voll Zuversicht und Freude ob ihrer Gemeinschaft dieses Hintreten vor die „festlich versammelte Gemeinde der Heiligen", er lebt in ihrer Anschauung, als sei der Schleier schon gefallen – und von seinem Herzen ist er tatsächlich gefallen.

Unter den Papieren Gratrys, von dem wir zu Eingang jene visionäre Todeserfahrung schilderten, fanden sich nach seinem Tod einige Zeilen, die man als sein geistliches Testament ansehen muss.

„Ich hinterlasse jedwedem Menschen, den ich je gegrüßt oder gesegnet habe, an den ich je Worte der Achtung, der Zuneigung oder der Liebe gerichtet habe, die Versicherung, dass ich ihn liebe und segne zwei oder dreimal mehr, als ich es sagte. Ich bitte ihn, für mich zu beten, damit ich in das Reich der Liebe gelange, wohin ich ihn auch ziehen werde durch die unendliche Güte unseres Vaters. Ich dehne dies aus auf alle meine unbekannten und zukünftigen Freunde und, soweit Gott es mir erlaubt, auf ‚alle Menschen' (Paulus). Ich grüße sie alle vor Gott, ich segne sie vom Grund meines Herzens. …"

Und fast noch schöner in einer früheren Ansprache: „Man sollte sich auf den Tod jeden Abend durch einen Akt der Liebe vorbereiten. Man sollte das kleine Kind nachahmen, das, bevor es sich schlafen legt unter der Hut Gottes und der Engel, alle umarmt, nicht nur den Vater, seine Mutter, seine Brüder, seine Schwestern, sondern auch die Fremden, die gerade da sind."

Wenn also jener freudige und zuversichtliche Geist, jener herrliche und sieghafte Glaube, jenes Leben aus den Herrlichkeiten der Taufe möglich sein soll und wenn es vor allem möglich sein und sich vollenden soll beim Scheiden aus dieser Welt, dann muss es getragen sein von dieser Liebe. Wer sein Christsein nur von sich aus zu Gott hin gestaltet, hat eine zu schmale Grundlage dafür. Je mehr Menschen er aber mit einer wirklichen und wirksamen Liebe umfassen kann, desto breiter ist die Grundlage, desto sieghafter und überwindender kann sein Glaube sich der Gemeinschaft erfreuen, die da „reicht bis zu den Seraphim vor dem Angesicht Gottes", deren keiner ihm den Beistand versagen wird.

„Dann werdet ihr in der Liebe verwurzelt und fest gegründet sein und könnt dann mit allen Heiligen die ganze Breite, Länge, Höhe und Tiefe erfassen und vermöget auch die Liebe Christi zu erkennen, die alles Begreifen übersteigt: Auf dass ihr mit der ganzen Fülle Gottes erfüllt werdet!" (Eph 3,17f)

„Wachsen muss der Glanz des wahren Glaubens, und wenn die Liebe mit ihm vereinigt ist, so zieht sie an sich die Hoffnung, welche nicht zuschanden werden lässt." (Erasmus)

Für diesen Glauben werden die liturgischen Sterbegebete der Kirche Wahrheit, das mit dem „Aufgang aus der Höhe" und am ergreifendsten die Präfation: Ja, wahrhaft würdig und recht ist es, immer und überall Dank zu sagen, dir, heiliger Herr, allmächtiger Vater, ewiger Gott, durch Christus unseren Herrn; denn deinen Gläubigen wird das Leben nur verwandelt, nicht genommen, und wenn des irdischen Wandels Haus zerfällt, steht ihnen eine ewige Wohnung im Himmel bereit. singen wir (jetzt schon) mit den Engeln und Erzengeln, mit den Thronen und Herrschaften und mit der ganzen himmlischen Heerschar den Hochgesang deiner Herrlichkeit.

6. Die geistliche Vorausnahme

Was wir so vom christlichen Sterben erkannt haben, verwirklicht sich freilich nicht immer, wenn ein Christ stirbt! Auch da gilt: Wenn du die Gabe Gottes erkenntest! Statt dessen macht man eine immer wiederkehrende Erfahrung bei Kranken: Sie denken lange, selbst in der offensichtlich letzten Krankheit nur ans Gesundwerden, sehen in der Krankheit nur etwas Nichtseinsollendes und versäumen dadurch den rechten Gebrauch der Krankheit und die Verwandlung im Glauben; und wenn dann die Sakramente gewünscht werden, ist die seelische Kraft geschwächt und der Mitvollzug ihres inneren Sinngehaltes nur noch in geringem Maße möglich.

Wir wollen die Wege sehen, wie man dieser Gefahr entgehen kann. Da gilt es zuerst, einen Selbstbetrug der Natur zu enthüllen. Jedermann denkt nämlich: Ja, wenn's einmal Ernst wird, will ich mich schon rechtzeitig darauf einstellen! Diesen Gedanken lässt die schlaue Natur in uns noch zu und hat uns damit schon in Sicherheit gesponnen. Denn es lässt sich einfach die merkwürdige Tatsache feststellen, dass der Mensch von Natur aus sich selbst nie aufgibt – und die meisten, die ihn dann beraten, unterstützen ihn darin bis zuletzt, betrügen ihn damit freilich auch um eine kostbare Möglichkeit.

Wir müssen, solange wir dieser doppelten Versuchung – der Natur in uns und der Freunde um uns herum – noch nicht ausgeliefert sind, so leben, dass wir später im Ernstfall auch über diese Stimmen hinweg die so viel leisere Stimme des übernatürlichen Rufes vernehmen. Das heißt, wir müssen uns daran gewöhnen, auch kleine Krankheiten als Vorboten der Vollendung zu begreifen. Der blind an das natürliche Leben Hingegebene wird diesen Gedanken als sinnlos, unverständlich oder lächerlich ablehnen. Dafür wird er aber auch nicht „sterben“! Sein Tod wird keine Antwort-Tat sein. Er lediglich dem Tod! Der Tod überfällt ihn, reißt ihn weg, sein Leben wird nicht vollendet, sondern abgerissen. Dem Gläubigen aber wird das Leben nicht genommen, sondern verwandelt! Und im Dienst dieser fortwährenden Verwandlung steht für den Gläubigen alles, was der Natur entgegen ist, wie Schmerz, Krankheit usw. Die Philosophie lehrt ja ebenfalls, dass das Sein überhaupt ein „Sein zum Tode" sei, der Tod nicht bloß etwas, das einmal hereinbrechen kann oder wird, sondern etwas, worauf geradezu alles angelegt ist, was dauernd mit nebenherläuft. Mit dieser Philosophie mag es sein wie auch immer: Wir halten uns an das christliche Geheimnis der Gegenwärtigkeit aller Dinge für den Gläubigen, weil er nicht mehr nur in dieser Zeit des Nacheinander lebt, sondern auch schon Anteil hat am ewigen Leben. Erlebt er nicht täglich, dass der einmalige Opfertod Christi für ihn Gegenwart wird? Nicht Wiederholung, sondern etwas viel Geheimnisvolleres – Erneuerung desselben Einmaligen! Sagt ihm nicht die Predigt der Kirche, dass das Leben Christi für ihn etwas Gegenwärtiges sei und dass die Sünde, die er heute begeht, damals schon dem leidenden Herrn gegenwärtig war?

Möglichkeit

Wir haben uns für den täglichen Gebrauch daran gewöhnt, den Himmel als etwas Kommendes zu betrachten, also als etwas von uns Fernes – haben wir dabei nicht außer Acht gelassen, dass Himmel und Himmelreich im Munde des Heilandes und der Apostel ebenso sehr etwas Gegenwärtiges bedeuten, in das man jetzt, in dieser Weltzeit, eingehen kann und muss? Sagt der Apostel nicht: Ihr seid mit Christus auferstanden? Wir seien in das Himmelreich versetzt! ... „Euch gehört ja alles ... Welt, Leben und Tod, Gegenwart und Zukunft; alles gehört euch!" (1 Kor 3,22)

Ja, so wie die Taufe für den, der im Glauben lebt, nichts Vergangenes, sondern eine bleibende, sich stets erneuernde, ja, sogar stets vertiefende Wirklichkeit ist, so ist auch der Tod für ihn nichts Fernes, sondern eine stets nahe, stets wirksame, stets Heil und Leben schaffende Wirklichkeit! So lässt uns auch die Kirche, die das wahre Leben des Christen zugleich lehrt und darstellt, in einem jeden Jahr nicht bloß das Vergangene des Herrn feiern und erneuern: Ankunft im Wort der Propheten, dann im Fleische, Tod, Auferstehung, Himmelfahrt und Geistsendung, sondern auch das Kommende, obwohl es sich für unser Auge mehr zusammenschiebt und dadurch verkürzt: Gericht und Vollendung.

„Alles ist euer", sagt der Apostel in seiner unübertrefflichen und unausschöpfbaren Knappheit – machen wir also Gebrauch davon! Machen wir Gebrauch vom Vergangenen, machen wir Gebrauch vom Kommenden! Stellen wir den Tod in den Dienst des Lebens, den zeitlichen Tod in den Dienst des ewigen Lebens! Der Apostel sagt nicht: „Ihr seid des Todes." Nicht der Tod hat uns, sondern „der Tod ist euer", der Unabwendbare kann euch zu dienen gezwungen werden! Nicht darin kann das Leben über den Tod siegen, dass man nicht wagen darf, an ihn zu denken, sondern indem wir ihn immerfort uns zunutze machen. Lächerlich mögen wir der Welt erscheinen, wenn wir bei einer geringfügigen Krankheit an den Tod denken, weil sie meint, es sei zu früh! Lächerlich ist aber die Welt, die ihn nicht sehen will und darum meint, er sähe auch sie noch nicht an! Für uns müssen wir darum dieses köstliche Geheimnis des Glaubens behalten, sonst meint die Welt, wir seien müde. Wenn aber die Welt in ihren Kindern anfängt, Todesahnungen zu haben und zu bangen, dann wollen wir zeigen, wer dem Tod unterlag und wer ihn überwand!

Betrachten wir schmerzliche Vorkommnisse, die uns treffen, eine Krankheit, einen Verlust oder dergleichen, als kleine Vorübungen, die Gott uns in seiner väterlichen Weisheit schickt, ja, gehen wir sogar von der Voraussetzung aus, die wir schon einmal gestreift haben, dass er uns nicht bloß derartiges überhaupt, sondern für uns Abgewogenes, unseren Kräften und Bedürfnissen Angemessenes schickt, dass er als guter Erzieher einen Plan hat, den wir vielleicht nicht erkennen und dem wir uns nur überlassen können.

Zwischen uns und Gott sollte ein solches Einvernehmen sein, dass man sich gegenseitig alles überlassen kann; Gott sollte gleichsam nicht besorgt zögern müssen, ob wir das, was doch so gut gemeint ist, auch recht verstehen werden; er sollte uns sagen können: Ich weiß schon, deiner bin ich sicher, dir kann ich etwas zumuten; und wir sollten ihm sagen können: Ich weiß schon, … tu nur ganz nach deinem Wohlgefallen. „Denn ich bin überzeugt:

wird uns scheiden können von der Liebe Gottes, die da ist in Christus Jesus, unserem Herrn." (Röm 8,38f)

Aus der zweiten Erfahrung folgt, dass man gut tut, sich auf den Empfang der Heiligen Ölung vorzubereiten, solange man gesund und seiner Kräfte mächtig ist. Das ist wiederum etwas mehr als die allen Gläubigen geläufige Übung, um eine gute Sterbestunde zu beten. Eigentlich beten wir ja mit jedem Ave darum, und diese Bitte ist wie jedes rechte Gebet sicher nicht umsonst. Aber um einen guten Tod bitten und um die Verwirklichung und Vergegenwärtigung der Gesinnung, die zu einem vollgültigen Empfang der Heiligen Ölung ausreichen würden, das sind Dinge, die weit auseinanderliegen! Das kann wirklich nicht bei jedem Gebet geschehen, aber es müsste von Zeit zu Zeit geschehen. Diese Übung könnte man am besten bezeichnen als der Letzten Ölung. Die Übung des geistigen Empfanges eines Sakramentes ist nicht auf die heilige Kommunion zu beschränken (vgl., S. 30f). Der Christ kann jederzeit aus jedem Sakrament Gnade erlangen, auch und sogar besonders aus denen, die er ihrer Natur nach nur einmal oder wie die Heilige Ölung jedenfalls nicht beliebig oft, sondern eben in jeder schweren Krankheit höchstens einmal empfangen kann.

Die Furcht

Der geistige Empfang der Heiligen Ölung hat besonders zwei kostbare Früchte: Er lässt uns erstens schon jetzt etwas von der heilenden, erhebenden und überwindenden Kraft des christlichen Todes erfahren. Wir wissen doch, dass es dem christlichen Leben wesentlich ist, den Tod schon irgendwie bestanden zu haben. – „Oder wisst ihr nicht, dass wir alle, die wir auf Christus Jesus getauft sind, auf seinen Tod getauft sind?" (Röm 6,3) „Ihr seid ja gestorben", und was ihr jetzt lebt, ist etwas völlig anderes, als was die Welt unter Leben versteht und an euch sieht. „Euer Leben ist mit Christus verborgen in Gott." (Kol 3,4) Durch den Tod ins eigentlich christliche Leben hineinzugehen, das ist die sofortige Wirkung der Heiligen Ölung. So wie der Sterbende, der sich zum Empfang des Sakramentes bereitet, sich Gott ganz überlässt, sei es zum Leben, sei es zum Sterben, wie er sich aller Beunruhigung, die ihm aus seiner Schuld erwächst, begibt in Gottes heiligen Willen hinein, vertrauend, dass das, was jetzt an ihm geschieht, Gottes heiliger Wille und deshalb bedingungslos gut ist, so rafft sich der geistige Empfänger auf, alles von Gott, und nicht von sich aus, zu betrachten. Darin stirbt er seinem menschlichen Willen ab und wird frei, ganz in Gott zu leben und alles zu bejahen, auch das, was ihm noch eben Pein und Kummer bereitet hat. Wenn er sich das klarmachen will, braucht er nur zu denken, es sei der letzte Tag und die letzte Aufgabe und die letzte Pein, die er nun zu bestehen hat – wie schnell gewinnt er dann Abstand auch vom dem, was ihm besonders nahe geht! Nicht, als ob er nun nichts mehr zu tun hätte! Aber es ist nun anders! Es kommt aus der anderen Welt, aus der überlegenen Welt, welche seine eigentliche ist, seine „Heimat". So lernt er immer wieder „haben, als hätte er nicht, trauern, als trauerte er nicht." (vgl. 1 Kor 7,29ff)

Diese unmittelbare Wirkung des geistigen Empfangs der Heiligen Ölung berührt sich darum sehr eng mit der entsprechenden Seite der Taufwirkung, und wir gewinnen sicher dadurch kein schlechtes Verständnis der Heiligen Ölung sowohl hinsichtlich der Vollkommenheit ihrer Gnade als hinsichtlich der Bedeutung des Todes, der für den Christen Tür zum Leben ist.

Die zweite Frucht dieses öfteren geistigen Empfangs der Heiligen Ölung reift in der Todesstunde. Was wir „geübt" haben, fällt uns später – wenn wir es brauchen – leicht. Was aber noch entscheidender ist: Was wir lange ersehnt haben, gibt Gott uns sicherer und reichlicher! Denn es ist letztlich nicht Sache der Übung, sondern Geschenk der Gnade! Selbst wenn es im Plan Gottes liegt, dass wir durch Fieber und Schmerzen in unseren Gedanken dann verwirrt wären, ja, selbst wenn wir völlig bewusstlos wären: Alles, was wir für diese Stunde getan haben, ist in Gott jetzt für uns gegenwärtig! Aller Glaube, alle Hoffnung, alle Ergebung, die wir hinsichtlich unseres Todes erweckt haben, alles wird nun – wir möchten nicht sagen: angerechnet, das wäre zu menschlich ausgedrückt – es wird wirklich und wirksam in und durch den lebendigen und ewigen Gott.

Die praktische Übung

Wann sollen wir diese Übung des geistigen Empfangs vornehmen? Wenn wir nur den Jahrestag wüssten, den später einmal unsere Angehörigen als „Jahrtag" halten werden! Da wäre es uns ein Leichtes, an diesem Tag das alles zu verwirklichen. Oder wenn wir den Wochentag wüssten – ob es ein Montag sein wird oder ein Donnerstag usw. Jährlich schreiten wir einmal über „unseren Tag" hinweg, ohne ihn zu kennen, täglich über die Stunde, die unsere entscheidende und letzte sein wird! Aber das alles wissen wir nicht. Wir können nur eine wählen, die es uns leichter macht, diese Gedanken zu fassen. Eine Abendstunde in der Woche wäre wohl das Rechte, und zwar aus leicht erkennbaren Gründen am ehesten Donnerstag, Freitag oder Samstag. Ein Tag im Jahr kann dem auch besonders geweiht werden: Dafür eignet sich der Gedächtnistag eines uns lieben Verstorbenen, der unsere Gedanken schon mit sich zieht, weg von der unmittelbaren Gegenwart.

Und werden wir das tun? – Es sind mancherlei Gedanken und Willensakte denkbar, sie ordnen sich aber in zwei Hauptgruppen: das Opfer unseres Lebens und das Verlangen nach der Gnade des Sakraments. Das erste könnten wir auch Ergebung, Sühne, Annahme des Todes nennen oder wie sonst die Gebete heißen mögen, die sich in unseren Büchern finden, die zumeist für Sterbende gedacht sind, aber leicht für diese geistige Übung verwendet werden können. Zum geistigen Empfang der Letzten Ölung bezeichnen wir dann die fünf Sinne, die – wie wir hoffen – der Priester einmal mit dem heiligen Öl salben wird, mit Weihwasser und dem heiligen Kreuzzeichen und sprechen dabei die Worte, die wir in jener Stunde zu hören hoffen und an deren Kraft wir glauben: „Durch diese heilige Salbung und seine mildreiche Barmherzigkeit vergebe mir der Herr, was ich durch Sehen gesündigt habe. Amen." – Und so ähnlich dann bei den übrigen Sinnen.

Diese kostbare Übung kann manches Mal erweitert werden, indem wir nicht bloß eine Weile am Abend solchen Gedanken und solcher Verwirklichung weihen, sondern einen ganzen Tag. Indem wir unsere Glieder so heiligen, gehören sie nämlich Gott vollkommener! Und damit müssen wir Ernst machen! (Im Mittelalter dachte man z. B., jemand, der die Heilige Ölung erhalten habe, dürfe nicht mehr mit bloßen Füßen den Boden berühren, nicht mehr die Ehe ausüben usw. – doch das ist nur die Abirrung eines an sich sehr ernsten Gedankens gewesen.) Wir müssen unsere Glieder so betrachten, als hätte Gott sie uns nur noch einmal eine Weile geliehen – so ähnlich wie einem Staatsmann, der seine Demission eingereicht hat, noch die vorläufige Führung der Geschäfte übertragen ist. Immer wieder heißt es: zu haben, als hätten wir nicht; mit der Welt zu verkehren, als verkehrten wir nicht mit ihr! Ganz besonders eignen sich schwere Tage dazu. Sie verlieren dann auf einmal ihre Kraft, und wir fühlen uns gedrängt zu sagen: „Wer bist du, Welt, dass du mir bange machst?" (Gertrud v. Le Fort,)

Dem kann sich dann noch das Allerkostbarste anschließen. Wir denken uns, wir wüssten eines Tages (was die Menschen, auch die Priester, meist nicht wissen): Das ist die letzte heilige Messe, der du selbst beiwohnen kannst! Welch wunderbare Möglichkeit! Hier kann ich alles, was ich habe und was ich nicht habe, in die Verwandlung des Opfers hineingeben! Ach, so haben wir ja vielleicht schon oft gesagt: Alles, was ich bin und was ich habe! Jetzt erst beginnt es uns klar zu werden, was eigentlich damit gesagt ist! Hier vollendet sich das „Ganzopfer" des Herrn für mich, damit ich lerne, was ich aus meinem Leben gerade jetzt machen soll und kann. Hier kann ich das höchste Wohlgefallen finden, wie es Jesus gefunden hat, da er alles vollbracht hatte, und wie es sich von hier aus auf alle ausbreitet, die in ihm und mit ihm und durch ihn ihr Leben vollbringen.

Heilige sagen, durch eine einzige heilige Messe könnten alle Sünden getilgt werden, weil das ganze Verdienst des Todes Christi darin erneuert und uns zugewendet wird. Es fällt uns aber je nach dem Maßstab unserer Vereinigung mit Jesus zu, und deren Maßstab ist die Abgestorbenheit mit Jesus. Jetzt aber ist die größte Möglichkeit unseres Lebens da, uns wirklich aufzugeben, zu allem ja zu sagen, was von Gott kommt. … Mit welchem Verlangen, mit welchem Glauben, mit welcher Bereitschaft werden wir diese Messe feiern!

Pascals Gebet: „Gott um einen guten Gebrauch der Krankheit zu bitten"[3]

O, Gott, vor dir muss ich genaue Rechenschaft meines Lebens ablegen, am Ende meines Lebens und am Ende der Welt. O, Gott, du lässt die Welt und alle Dinge der Welt nur bestehen, um deine Auserwählten zu üben und die Sünder zu strafen. O, Gott, du lässt die verhärteten Sünder im wonnevollen und verbrecherischen Gebrauch der Welt und der Genüsse der Welt. O, Gott, du lässt meinen Leib sterben und trennst im Augenblick des Todes unsere Seele von allem, was sie auf der Welt geliebt. O, Gott, du entreißt mich in diesem letzten Augenblick meines Lebens allen Dingen, an denen ich gehangen und in die ich mein Herz gelegt. O, Gott, du wirst am letzten Tage den Himmel vernichten und die Erde und alle Geschöpfe, die sie umfassen, um allen Menschen zu zeigen, dass nichts bestehend ist als du und dass also nichts der Liebe würdig ist als du, nichts dauert als du. O, Gott, du wirst all die leeren Götzen zerstören und alle Verderben wirkenden Gegenstände unserer Leidenschaften.

Ich lobe dich, mein Gott, und ich will dich benedeien alle Tage meines Lebens, darum, dass es dir gefallen hat, mir zum Heile jenem schrecklichen Tag zuvorzukommen und alle Dinge, so wie sie mich angehen, durch die Schwäche, in die du mich gebracht hast, zu zerstören. Ich lobe dich, mein Gott, ich will dich benedeien alle Tage meines Lebens, dass du gnädig mich in die Unfähigkeit hast bringen wollen, die Süße der Gesundheit und die Freuden der Welt zu genießen; dass du in gewisser Weise und mir zum Heil (bereits) die trügerischen Götzen vernichtet hast, die du den Bösen zur Scham am Tage deines Gerichtes in Wahrheit zerstören wirst.

Da nun du, o, Herr, diese (erste) Zerstörung, soweit es mich angeht, vollzogen hast, gib mir die Kraft, mich selbst zu richten, auf dass nicht du mich richtest, einst, nach der vollen Zerstörung, die du an meinem Leben und an der Welt vollziehen wirst. Denn

3 Es sind hier von den fünfzehn Abschnitten dieses Gebetes vier wiedergegeben, nämlich die Stücke III, XI, XII und XV, und zwar in der Übersetzung von Romano Guardini, veröffentlicht in den 1929, 1. Heft.

ich werde mich, Herr, im Augenblick meines Todes getrennt sehen von der Welt, von allen Dingen entblößt, allein (dastehend) in deiner Gegenwart, um deiner Gerechtigkeit Rechenschaft zu geben über alle Bewegungen meins Herzens – so schenke mir denn, o, Herr, (die Kraft,) mich in dieser Krankheit anzusehen wie in einer Art Tod: von der Welt getrennt, aller Gegenstände meiner Anhänglichkeit entkleidet, allein in deiner Gegenwart, um von deiner Barmherzigkeit die Umkehr meines Herzens zu erflehen. Und lass mich einen letzten Trost darin finden, dass du mir nun eine Art Tod sendest, um deine Barmherzigkeit zu üben, bevor du mir den Tod wirklich sendest, um dein Gericht zu vollziehen. Wie du also meinem Tod zuvorgekommen bist, so lass mich, o, mein Gott, deinem schrecklichen Urteil zuvorkommen und vor deinem Gericht mich selbst prüfen, damit ich Barmherzigkeit finde in deiner Gegenwart.

* * *

Lass mich nicht, mein Gott, in solcher Ferne von dir, dass ich deine Seele betrachten kann, traurig bis zum Tod, und deinen Leib, um meiner eigenen Sünden willen zum Tode niedergeworfen, ohne froh zu werden, dass ich an meinem Leibe leide und an meiner Seele. Denn was ist schmählicher und trotzdem alltäglicher in den Christen und in mir selbst, als dass wir in Genüssen leben, während du dein Blut schwitzt, um unsere Sünden zu sühnen? Und dass die Christen, die sich zu dir rechnen, jene, die durch die Taufe der Welt entsagt haben, um dir zu folgen, die feierlich im Angesichte der Kirche geschworen haben, mit dir zu leben und zu sterben, die zu glauben behaupten, dass die Welt dich verfolgt und gekreuzigt hat, die glauben, dass du dich Gottes Zorn und der Grausamkeit der Menschen ausgesetzt, sie von ihren Verbrechen zu erlösen, dass jene, sage ich, die all diese Wahrheiten glauben, die deinen Leib als das Opfer ansehen, hingegeben für ihr Heil, die ihre Vergnügen und die Sünden der Welt als den einzigen Gegenstand deines Leidens betrachten und die Welt selbst als ihren Henker – dass diese (gleichen Menschen) ihr Leben durch eben diese Vergnügungen und in dieser nämlichen Welt verwöhnen; dass die gleichen Menschen, welche nicht ohne Schauder des Entsetzens hören könnten, wie einer den Mörder seines Vaters liebkost und zärtlich zu ihm ist, welcher sich preisgegeben hätte, ihm das Leben zu geben – dass sie, wie ich getan, in voller Freude inmitten der Welt leben können, von der ich doch wahrhaftig weiß, dass sie der Mörder dessen gewesen ist, den ich als meinen Gott erkenne und meinen Vater, der sich für mein eigenes Heil preisgegeben und die Pein unserer Bosheit auf sich genommen hat. Es ist gerecht, Herr, dass du eine Freude unterbrochen, so verführerisch wie jene, in welcher ich mitten im Schatten des Todes ruhte.

***

Nimm alles von mir, o, Herr, die Traurigkeit, welche die Selbstliebe mir über meine eigenen Leiden eingeben könnte und darüber, dass die Dinge der Welt nicht nach dem Wunsch meiner Herzensneigung gehen, soweit es sich dabei nicht um deine Ehre handelt. Aber eine Traurigkeit gib mir, welche der deinen gleicht, damit meine Schmerzen dienen, deinen Zorn zu befrieden. Gib zu meinem Heil und zu meiner Bekehrung, dass ich fortan Gesundheit und Leben nur wünsche, mit dir und in dir.

Ich erbitte von dir nicht Gesundheit, nicht Krankheit, nicht Leben, nicht Tod, sondern dass du über meine Gesundheit und über meine Krankheit, über mein Leben und über meinen Tod verfügest zu deiner Ehre, zu meinem Heil und zum Nutzen deiner Kirche und deiner Heiligen, deren ich ein Teil bin. Du allein weißt, was mir dient. Du bist der höchste Herr. Tu, was du willst. Gib mir, nimm mir; aber mach meinen Willen dem deinen gleich. Und gib, dass ich mich in demütiger und vollkommener Unterwerfung in heiligem Vertrauen bereite, die Befehle deiner ewigen Vorsehung zu empfangen und in gleicher Weise alles anbete, was immer von dir zu mir kommt.

***

Gib also, Herr, dass, so wie ich bin, ich mich deinem Willen angleiche; dass ich, krank wie ich bin, dich verherrliche in meinem Leiden. Ohne sie kann ich nicht zur Herrlichkeit kommen; ohne sie, mein Erlöser, wärest du selbst nicht zu mir gelangt. An den Malen deiner Leiden bist du von deinen Jüngern erkannt worden. An den Leiden erkennst du auch jene, die deine Jünger sind. Erkenne mich also als dein, an den Übeln, die ich um der Beleidigung willen, welche ich begangen, in meinem Leibe und in meinem Geiste dulde.

Und da nichts wohlgefällig ist vor Gott, wenn du es ihm nicht darbietest, so vereinige meinen Willen mit dem deinen und meine Schmerzen mit denen, die du gelitten hast. Gib, dass die meisten dein werden. Vereinige mich mit dir; erfülle mich mit dir und deinem Heiligen Geist. Tritt ein in mein Herz und in meine Seele, meine Leiden darin zu leiden und in mir weiter das zu dulden, was dir noch zu leiden bleibt von deiner Passion, welche du in deinen Gliedern vollendest bis zur vollkommenen Auferbauung deines Leibes; damit nicht mehr ich es sei, der da lebt und leidet, sondern du es seist, der lebt und leidet in mir. Und dass, wenn ich so irgendeinen Anteil an deinem Leiden habe, du mich ganz mit der Herrlichkeit erfüllest, welche sie dir erworben, in der du lebst mit dem Vater und dem Heiligen Geist durch alle Ewigkeit. Amen.

Schluss: Einige literarische und geistesgeschichtliche Bemerkungen über die wiedergegebenen Texte

Als der Menschheit die folgenschwere Kunst des Buchdrucks beschert wurde, war das Thema des Todes bzw. das Anliegen eines guten Sterbens eines der wenigen, die würdig genug schienen, dass die neue Kunst ihnen einen größeren Wirkkreis unter den Menschen eröffnete – heute, da nun wirklich „die Welt die Bücher bald nicht mehr fassen kann", spielt es eine verschwindend geringe Rolle! Bereits seit Anfang des 15. Jahrhunderts, als man noch nicht mit beweglichen Typen, sondern nur mit ganzen geschnittenen Holztafeln drucken konnte, gab es die ein in vielerlei Ausgaben verbreitetes Handbüchlein, das die Menschen zu einem guten Sterben anleiten sollte, meist zur Hälfte aus Bildern bestehend, die auch dem des Lesens Unkundigen, gleich der bekannten Armenbibel, dienen konnten. Wahrscheinlich geht diese ganze Literaturgattung auf Gedanken und Anregung Gersons zurück, der Anfang des 15. Jahrhunderts Kanzler der Pariser Universität war. Von dem berühmten deutschen Prediger Seiler von Kaysersberg stammen mehrere Schriften, die sich mit diesem Thema befassen. Ein nicht bloß sprachlich, sondern auch hinsichtlich des geistlichen Gehaltes sehr bemerkenswertes Büchlein hat keinen Geringeren als den Humanisten Erasmus von Rotterdam zum Verfasser:, Basel 1534, und ist zugleich Beweis dafür, dass solche Schriften nicht nur etwa ein Mittel zur Beruhigung des gemeinen Volkes in Pestzeiten oder ähnlich gefahrvollen Zeitläufen waren, sondern ein ebenso christliches wie wahrhaft menschenwürdiges Anliegen.

In der Zeit dann, da Deutschland sich mühsam von den verheerenden Folgen des Dreißigjährigen Krieges erholte, in der zweiten Hälfte des 17. Jahrhunderts, blühte in Frankreich, das mit diesen Kriegen nichts zu schaffen hatte, das religiöse Leben zu wundervoller Reife und Schönheit auf. Davon zeugen die hier wiedergegebenen Texte von Pascal und Bossuet. Wohl sind beide Säkulargestalten, die weit über den Durchschnitt hinausragen, aber sie schöpfen beide aus einem tiefen Strom von Frömmigkeit und religiöser Lebensformung. Damals muss eine Zeit geherrscht haben, da diese erhabenen Gedanken nicht Vorrecht einer kleinen Elite waren, sondern Gemeingut der ernsthaft Gläubigen. Und dann begreifen wir erst, wie arm wir eigentlich sind.

Diese literarischen Bemerkungen erheben nicht den Anspruch auf Vollständigkeit. Sie sollen zunächst nur rechtfertigen, warum gerade diese Teile ausgewählt wurden. Sie sollten dann einen gewissen Dank darstellen an die Buchdruckerkunst, dass diese gerade einen solchen Gegenstand als einen der ersten ihres Dienstes für würdig hielt und ihm den beherzten Namen gab: „Die Kunst zu sterben".

Wenn auch dieses Büchlein manchem Getauften ein Wegweiser zu dieser kostbaren Kunst sein kann, ist es gerechtfertigt.

Anhang: Zwei Beispiele des Sterbens

Das Sterben eines Menschen mit dem Sakrament der Letzten Ölung

Wenige Minuten nach dem Heimgang meiner mütterlichen Freundin sah ich ein Buch in meinen Händen, das ich zuschlug. 25 kostbare gemeinsame Jahre waren in einem einzigen Augenblick zur Ewigkeit geworden.

Nach einem Leben – im wahrsten Sinne des Wortes – für andere erhielt sie die Diagnose „Brustkrebs". Die Ärzte machten ihr immer wieder Hoffnungen, doch sie ließ sich nicht beirren. Sie ahnte, dass ihre Erdenzeit bald abgelaufen sein würde. Sie sagte ihr Ja dazu, wie sie in ihrem ganzen Leben immer ihr Ja zum Willen Gottes gesagt hatte. Immer war der Wille Gottes für sie der Maßstab. Auch ich sagte mein Ja zum Willen Gottes, und wir nutzten die verbleibende restliche Zeit (zehn Monate).

Am 1. Adventssonntag konnten wir zum letzten Mal gemeinsam an der heiligen Messe teilnehmen, dann wurde sie an dem Ort, wo sie über Jahre hinweg meine behinderte Mutter gepflegt hatte, bettlägerig. Es war eine Fügung, dass ich fünf Tage vor der Diagnose in die Altersteilzeit-Freistellungsphase gekommen war.

Wir hatten die Gnade, dass ein Priester sie vorbildlich betreute. Er kam oft zu uns und brachte auch immer das Heiligste Sakrament mit. Nach kurzer Zeit fragte der Priester, ob er ihr die Heilige Ölung spenden solle, was sie zunächst nicht wollte, weil wir nicht wussten, dass der Apostolische Segen und die damit verbundene Generalabsolution erst in der Sterbestunde zur Wirkung kommen.

Als der Priester uns dies sagte, empfing sie einige Tage später das Sakrament der heiligen Beichte und mit großer Hingebung das Sakrament der Letzten Ölung. Der Krebs hatte in der Zwischenzeit alle Knochen angegriffen, die Wirbelsäule von oben bis unten, die Hüfte, die Oberschenkel, einfach alles. Die Ärzte wollten immer noch nicht zugeben, dass sie am Ende ihrer Kunst waren.

Auf der letzte Fahrt, die ich mit ihr in die Klinik machte, sagte sie zu mir: „Ich bin gespannt, wie es in der Ewigkeit sein wird. Ich fühle mich so wie früher, als ich als Kind vor der Weihnachtstüre stand und mit großer Spannung darauf wartete, dass sie sich auftun und der Lichterglanz uns umfangen halten würde. An diesem Tag hatte der Arzt endlich zugegeben, dass er verloren hatte....

Ich ließ nun auch alle Freunde und Verwandten kommen, und niemand ging von ihr fort, ohne zutiefst berührt zu sein. Sie alle wurden von ihr getröstet, für jeden hatte sie noch ein gutes Wort, einen guten Rat. Ich wusste, wie viel physische Kraft sie diese Besuche kosteten, aber sie hielt tapfer durch.

Dann brach ihr letzter Tag an. Es war der Dienstag in der Karwoche. Auf ihren Wunsch hin kam der Priester am Vormittag, und wir beide konnten nochmals kommunizieren. Dann betete der Priester mit uns die Sterbegebete. Am Nachmittag setzte ich mich an ihr Bett. Sie war bei Bewusstsein. Ich betete nochmals die sehr schönen Sterbegebete und nahm dann ihre linke Hand in die meine, und meine Rechte legte ich auf ihre Stirn. Ich betete Stoßgebete, wie es mir der Priester geraten hatte. Mit einem Mal überkam mich eine überwältigende Freude, und aus dieser Freude heraus sagte ich zu ihr: „Liebes, bald wirst du deine Eltern, deine Geschwister, deinen Schutzengel, den heiligen Joseph, die Gottesmutter, Christus und die ganze Herrlichkeit Gottes schauen." Ob sie in diesem Augenblick schon die Schwelle zur Ewigkeit überschritten hatte? Ich weiß es nicht, ich habe nicht gemerkt, wie und wann sie diese Erde verlassen hat. Unendlich sanft und ruhig ist dieses Sterben vor sich gegangen. Selbst der Priester, der kurze Zeit später nochmals kam – ich hatte vergessen, ihn beim Öffnen der Türe über den Heimgang meiner geistlichen Mutter zu informieren – war sich nicht sogleich im Klaren, ob sie schon verschieden war, so friedvoll lag sie in ihren Kissen.

Am Beerdigungstag, es war der Donnerstag nach Ostern, also zehn Tage nach ihrem Tode, wurde ich unmittelbar vor der Beisetzung gefragt, ob man sie noch einmal sehen könne. Ich war gelinde gesagt entsetzt, denn der Krebs hatte ja während der letzten zehn Monate ihren gesamten Körper befallen und außerdem hatte ich sie ja auch noch 24 Stunden nach ihrem Heimgang zu Hause gehabt. ... Ich sprach trotzdem noch mit den Mitarbeitern des Beerdigungsinstitutes, und man öffnete den Sarg. Meine geistliche Mutter aber lag so, wie sie zu Hause gebettet worden war, ohne jegliche Veränderung. Fast alle Verwandten und Freunde kamen und nahmen am offenen Sarg nochmals Abschied von ihr. Auch der Priester, der sie die Monate zuvor begleitet hatte, kam und segnete sie nochmals. Die Atmosphäre in der Aussegnungshalle war unendlich friedvoll. Später sagte der Priester zu mir, dass ein solches Aussehen außergewöhnlich sei. Von all den Erlebnissen um ihren Tod zehre ich noch heute, mehr als eineinhalb Jahre später, und unendlich tröstlich ist es für mich, um die gnadenvollen Wirkungen des Sakramentes der Letzten Ölung zu wissen.

Das Sterben eines Menschen, dem das Sakrament der Letzten Ölung verwehrt wurde

Die Diagnose war erschreckend und unerwartet: Leukämie im fortgeschrittenen Stadium; Metastasen im gesamten Skelett. Nach dem ersten Schock erfolgten massive Behandlungen, quälend, schmerzhaft – und ohne jeden Erfolg. Schließlich: endgültiger Abbruch der therapeutischen Maßnahmen. Was blieb, waren Schmerzmittel, später Morphium.

Sie wusste, was das alles bedeutete, denn ihr Berufsleben lang hatte sie als befähigte, tüchtige OP-Schwester aufopferungsvollen Dienst geleistet.

Nun war sie selbst in ihrem letzten Lebensabschnitt angekommen, unausweichlich. Es vollzog sich ein langes, leidvolles Sterben. Uns erschien es oftmals so, als ob dieser Mensch, noch hier bei uns – mit dem Blick zurück auf das sich neigende Leben – alles wie schon im Licht und vor dem Angesicht Christi wahrnehmen würde. ... Tag und Nacht Qual, die nach Erlösung schrie; unaussprechliche Nöte äußerten sich in ihren Gesten, in ihrem Schreien und in ihrer Mimik.

Wir, Freunde der Kranken, baten um einen Priester für sie. Dieser kam auch, segnete die Kranke und betete mir ihr. Das war alles. Die für die Kranke Verantwortlichen waren der heute weit verbreiteten, aber irrigen Auffassung, dass die in der Gemeinschaft – z.B. alter und kranker Menschen – gespendete Krankensalbung, die die Patientin Monate zuvor empfangen hatte, vollkommen ausreichend sei. Daher sahen sie sich nicht veranlasst, unserer Bitte nachzukommen, dass auf Wunsch der Kranken das Sakrament der Heiligen Ölung, der heiligen Beichte und der heiligen Kommunion gespendet werden sollte

So steigerte sich neben dem körperlichen Verfall und den damit verbundenen Schmerzen die Seelennot. Es war schrecklich, mit ansehen zu müssen, wie sie sich körperlich und seelisch quälte, und man wünschte ihr, dass sie bald erlöst würde. Bis zum Schluss kämpfte die Kranke mit dem Tod. Sie starb ohne erlösende Beichte, ohne die Letzte Heilige Ölung und ohne Wegzehrung. Um wie vieles hätte ihr Sterben leichter sein können!

Als wir dann das Angesicht dieses verstorbenen Menschen sahen, wirkte es fremd – verdunkelt. Sie war kaum wiederzuerkennen. Es war erschütternd, und wir werden diese Bilder nicht mehr los.

Wir bitten um das Gebet für die Verstorbene.

Das Sakrament der Beichte
P. Franz Schmidberger

Vorliegendes vereinfachte Heftchen soll das "verlorene Sakrament" (Prof. D. Georg May) wieder in Erinnerung rufen und den ernsthaften Betrachter zu einer guten Beichte hinführen.

Als wesentliches Element des Glaubens über den Wert und Sinn der Buße muß erneut festgestellt werden, daß unser Heiland Jesus Christus in seiner Kirche das Bußsakrament gestiftet hat, damit die Gläubigen, die nach der Taufe in Sünde gefallen sind, die Gnade wiedererlangen und sich mit Gott versöhnen.

Es ist aber gut, daran zu erinnern und hervorzuheben, daß Reue und Bekehrung mehr noch eine Annäherung an die Heiligkeit Gottes sind, eine Rückgewinnung der eigenen inneren Wahrheit, die durch die Sünde entstellt wurde, eine im tiefsten sich vollziehende Befreiung von sich selbst und darum eine Rückgewinnung verlorener Freude, der Freude darüber, erlöst zu sein, welche die meisten Menschen von heute nicht mehr recht zu verkosten vermögen.

48 Seiten, geheftet, 2 EUR

Sarto Verlag, Dr.-Jaufmann-Str. 3, DE 86399 Bobingen
Tel.: +49-(0)-8234 / 95972-0 Fax: +49-(0)-8234 / 95972-20
www.sarto.de e-mail: info@sarto.de